张嘉谋 编译

生存哲学

民国青年教育丛书

图书在版编目（CIP）数据

生存哲学/张嘉谋编译. —北京：知识产权出版社，2018.3
ISBN 978–7–5130–5455–3

Ⅰ.①生… Ⅱ.①张… Ⅲ.①人生哲学 Ⅳ.①B821

中国版本图书馆 CIP 数据核字（2018）第 042199 号

责任编辑：王颖超　　　　　　　　责任校对：王　岩
封面设计：张　冀　　　　　　　　责任出版：刘译文

生存哲学

张嘉谋　编译

出版发行：	知识产权出版社有限责任公司	网　　址：	http://www.ipph.cn
社　　址：	北京市海淀区气象路 50 号院	邮　　编：	100081
责编电话：	010–82000860 转 8655	责编邮箱：	wangyingchao@cnipr.com
发行电话：	010–82000860 转 8101/8102	发行传真：	010–82000893/82005070/82000270
印　　刷：	三河市国英印务有限公司	经　　销：	各大网上书店、新华书店及相关专业书店
开　　本：	720mm×960mm　1/16	印　　张：	7.25
版　　次：	2018 年 3 月第 1 版	印　　次：	2018 年 3 月第 1 次印刷
字　　数：	74 千字	定　　价：	39.00 元
ISBN 978-7-5130-5455-3			

出版权专有　　侵权必究
如有印装质量问题，本社负责调换。

再版前言

民国时期是我国近现代历史上非常独特的一段历史时期，这段时期的一个重要特点是：一方面，旧的各种事物在逐渐崩塌，而新的各种事物正在悄然生长；另一方面，旧的各种事物还有其顽固的生命力，而新的各种事物在不断适应中国的土壤中艰难生长。简单地说，新旧杂陈，中西冲撞，名家云集，新秀辈出，这是当时的中国社会在思想、文化和学术等各方面的一个最为显著的特点。在这样的时代和社会背景下，对新式青年的培育成为当时思想界、文化界和教育界进步人士着重关注的一个焦点问题。引导青年人从中国传统的封建文化的弊病中解放出来，科学地审视和继承传统文化中的有益的成分，同时科学地借鉴和接受新鲜、进步的西方社会思想成为当时重要且普遍的社会现象和社会思潮。

本社此次选择了一些民国时期曾经出版过的、有关青年教育的图书，整理成为一套《民国青年教育丛书》出版，以飨读者。这套丛书涉及青年人的读书、工作和生活，部分图书侧重于理论上的引导，另有部分图书则侧重于以生活实例来宣扬符合时代和历史进步发展方向的人生观、价值观，引导青年人走上积极向上、努力进取的人生道路。这套丛书选择的图书大多以平实的语言蕴含丰富而深刻的人生哲理，读来令人回味无穷，既可供大众读者消闲阅读，也可供有专门兴趣的读者拓展阅读。这套丛书不仅对民国时期的青年读者具有积极的教育意义，其中的许多观点和道理，即使在当今社会也没有过时，仍具有重要的参考价值，因此也非常适合今天的大众读者阅读和参考。

本社此次对这套丛书的整理再版，基本保持了原书的民国风貌，只是将原来繁体竖排转化为简体横排的形式，对原书中存在的语言文字或知识性错误，以"编者注"的形式加以校订，以便于今天的读者阅读。希望各位读者在阅读本丛书之后，一方面能够对民国时期的思想文化有一个更加深刻的了解，另一方面也能够为自己的书橱增添一种用于了解各个学科知识的不可或缺的日常读物。

序　言

"Existenzphilosophie"此名词之移译，在西洋固不成问题，但在东方则难有恰切之名词翻译之，日本译之为"实存哲学"。顾名思义，是为论确实存在之哲学，惟是此种哲学已不敢指何者为世界之实存，亦未能予吾人以一定之实在，故译为"实存哲学"有名不符实之嫌。

余译之为"生存哲学"，盖此种哲学只能示吾人以存在之广场，哲学思想之界域，真理之样态与至存在本身之路，初不能为吾人制出某特定之实在也。根据卡尔·叶斯必尔士（Karl Tapers）之定义，谓"生存"（Existenz）"即自存"（Selbstsein）是也，[1] 故译为"生存哲学"，亦可译为"自存哲学"。前者为遵重[2]哲学名词之传统，后者释名词之真义，并以符其内容。

"生存哲学"本非今日西洋之新哲学，早在19世纪丹麦之杞尔格嘉及德国尼采已开此哲学之端。然20世纪之现代，有

---

[1] 见 Existenzphilosophie, 1938 本书第一篇；又见 Existenzerhellung, 1932，第 1~2 页。

[2] "遵重"，当为"尊重"。——编者注

吾人之新时代新条件在。此新时代新条件为吾人一思一行所不能须臾离者，今日言"生存哲学"，自有新时代上之新意义，故"生存哲学"已为旧哲学，亦为今日之新哲学，然若以新哲学之名词招摇动听，是非余之所愿也。

实则哲学不能有绝对新旧之分，若以时代观之，柏拉图、亚里斯多德[1]等古典哲学固为旧哲学，然若以现在之"我"而研究柏拉图等之哲学，则我所认识之柏拉图等之哲学，自非古典哲学而为新哲学无疑。盖"我"非超然之神，必与我之现实、时代各种条件发生关系。故我之意识，思想方式，研究态度与方法，所希望者，皆与我之一切发生直接或间接之关系，我所见于柏拉图者自不能与古代或中古之人所见之柏拉图相同，此所以旧哲学之于吾人每有新认识与新意义也。

"生存哲学"我国仍未有介绍，然事实上亦非全无介绍，除杞尔格嘉之著作未见介绍外，尼采之著作则已有部分中译矣。但我国之介绍尼采之著作，罕有在生存哲学意识之下而从事之者。

余之编译此书，旨在介绍 19 世纪以来西洋哲学中比较意义深刻而与现代人生较有直接作用之哲学，在使吾人对哲学及人生更有深刻之认识，并在使吾人现在与将来勿误解尼采及杞尔格嘉之哲学。

是书编译系根据卡尔·叶斯必尔士下列各著作：

（1）Existenzphilosophie, Berlin – Leipzig, 1938.

---

[1] "亚里斯多德"，今译为"亚里士多德"。——编者注

（2） Vernunft Und Existenz, Groningen, Batavia, 1935.

（3） K. Jaspers Philosophie.

　　①Band：Philosophische Weltorientierung, Berlin, 1932.

　　②Band：Existenzerhellung, Berlin, 1932.

　　③Band：Metaphysik, Berlin, 1932.

嘉谋识于重庆
廿九，二，廿七

目录

第一篇　绪　论
　　——哲学与科学　　　　　　　　　　　　/ 001
第二篇　杞尔格嘉与尼采　　　　　　　　　　/ 016
第三篇　把握之存在　　　　　　　　　　　　/ 038
第四篇　真　理　　　　　　　　　　　　　　/ 049
第五篇　论实在　　　　　　　　　　　　　　/ 077

第一篇 绪 论

——哲学与科学

现代哲学中有一部分哲学名为"生存哲学"（Existenzphilosophie），但何为生存哲学，将于下简要释明之。

"生存"（Existenz）一名词，原即"存在"（Sein）之意义，惟自丹麦哲学家杞尔格嘉[1]（Sören Kierkegaard, 1813～1855）之后，"生存"则另有新义，按杞尔格嘉以"生存"即为"实在"（Mirklichkeit），然何谓实在？杞尔格嘉以为：一切实在，皆因我而后为实在，存在我之中者始为实在，依此可知"生存"即"自存"（Selbstsein）是也。故"生存哲学"亦为"自存哲学"，依我所思，依我与存在事物交接之情形，而于内在行为中探求实在之本为任务之哲学。

---

[1] 参阅第二篇。

故"生存哲学"非今日时髦之哲学，实早已为前人如杞尔格嘉及德国哲人尼采❶所启发之哲学，吾人今日言生存哲学，非为复古，旨在重提久为哲学界所遗弃之根本问题，以新眼光新形式探取实在之本。哲学之最终目的为求实在，或由智识，或由方法，或由名词，或由假设，或由事物，总之无不以实在为依归，盖吾人非知"我在"而已，犹须以吾人之现实及体躯索求人生之本。

19世纪之人原已在此"实在"意义之下，重演实际主义之哲学运动；当代所欲者为真实之人生，自"验"（Erleben）实在，思以行而代知，求"真"（Echheit）求"本"（Ursprung），处处人同此心，心同此理。当代之哲学家及科学家甚欲于宇宙微末中，搜求最大之真理。

及20世纪则完全与前一世纪相反，若19世纪之人务实际，重履真；则20世纪之人务经验之科学，重实用之机械。因是一切都陷于机械化、平普化、水准化，至吾人如一机械焉，我之现实即他人之现实，我固能代替人人之现实，而人人亦得代替我之现实；是我非我也，我之为人之生存，为人之本已失矣。现代虽若此机械化，即吾之饮食住居亦不免受机械之支配，然吾人之思想则正因机械化而产生与机械化对立之"生存"思想。故20世纪之时代实为唤起生存思想之背境，凡能自存之人莫不产生于此20世纪之机械化之时代中，而反现代之机械化、平庸化、群众化，以谨肃严正之态度，掘取为20世纪机械化时代所隐

---

❶ 参阅第二篇。

埋之人生实在，自困自解，以己力而达于我人生之本。

虽然20世纪凡能自存之人，皆反其时代之机械化、平庸群众化，思自悟我为人之本，但此类思想鲜有正确者，故有对时代愤恨之余，即单纯直入，而终不免误入粗暴之感觉哲学或生命哲学中，已不获实在，反足以蒙真蔽实。若生命哲学原欲自验实在者，结果反止于单纯之一点，知"生命素"（Vital）则欣然而自满。若感觉哲学原欲指染吾人之本者，结果则因过激而倡言还于原始单纯粗野之自然。两者已不得实在，甚且以其所知，努力平庸化，使为一般人所信以为实在，此无异争而不获，反蔽实在。

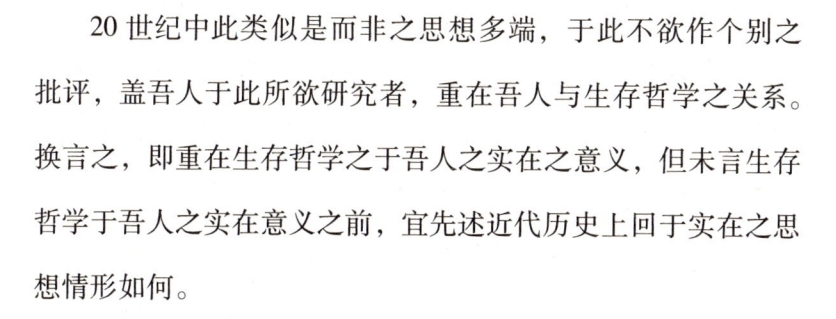

20世纪中此类似是而非之思想多端，于此不欲作个别之批评，盖吾人于此所欲研究者，重在吾人与生存哲学之关系。换言之，即重在生存哲学之于吾人之实在之意义，但未言生存哲学于吾人之实在意义之前，宜先述近代历史上回于实在之思想情形如何。

近代以来吾人每视哲学即为科学，以哲学与科学并重。今日哲学已列为大学教育之科目，以为教育青年之资料，大学洋洋博大之讲义，触目皆是，或论全部哲学史，或论断代哲学史，或论哲学系统，专家学派之研究，专题研究等，不一而足，耳不能尽听，目不能尽阅，思不胜思，但多缺乏内容（缺乏内容，谓与实际人生无关）。此类所谓学者之哲学，实为最无自信之哲学，盖彼辈学者皆不知其自存何置，只以现代无孔不入之精细经验科学为哲学之典规，而使哲学模仿科学。以哲学有科学之精密性与准则性之后，哲学始足与科学并比，始为人视如科学同重，若科学以方法，分门别类而研究，则哲学亦重分析，科学为求研究对象之必然性固重分析，然则哲学享有完全之资格，以整个宇宙为对象，于是有科学之认识论出，以宇宙整个为对象，造成全然之认识论。若此不足，则仍有统摄一切之形上学，但其形上学又借助科学理论之方法，为人类全体制出一种适于一般评价之学理。

宇宙全部本不能为个别科学之研究对象，然彼辈学者竟以科学之方法而使宇宙全体为可能之研究对象，结果彼辈学者之思想即发生一种全不可克服之矛盾：一为"科学之事实"，一为"意志之需求"。[1] 前者以科学事实为一切，后者则以伦理之需求及信仰为科学所不能研究者，为伦理信仰留余地。固然彼辈学者尚有昧然不悟者，以为在科学事实与意志两者矛盾之间，仍有调合或更高之统一之可能，而使其间之矛盾克服。时至今日，吾人无标准之真理，一切均许吾人以思想，以行为变易或颠倒之，然则哲学之能不在能善思善变，而在从实与明实。

哲学本求真实，为识人生之根底，但近代以来之哲学已如此经验科学化，此诚使吾人大所失望者也。现代之哲学因为经验科学所同化，只知应科学之要求，孜孜于科学之方法，苦习之困思之，而结果又不识实在，且因而与实在远离，虽然一般

---

[1] 1854年德国哥廷根（Goettingen）开科学大会，有动物学家贺克特（Carl Vogt）者主张"科学事实"为一切之标准，物理学家瓦克那（Rudolf Wagner）则以人类认识不能及于信仰，为人之"意志需要"留余地。其在大会中之演讲文为《人之创造及灵魂本体》（Menschenschoepfung und Seelensubstanz），系以基督之宇宙观而反科学之包揽一切。贺克特则以《迷信与科学》（Koehlerglauben und Wissnschaft）一文攻击瓦克那。

科学的哲学家用尽一切系统方法，穷一切怪巧，费毕生之心血，巧立名词以证明实在，然企图纵大，而今日仍未能副其所愿。实在何存，科学家与科学的哲学家仍茫然不知所在，此岂今日人类对科学及哲学之所望？

　　一般科学家及科学的哲学家均以为：惟科学始能求真理。然若以科学所握获者，其中必有真理在焉，哲学所不能求者而科学能得之，是必易陷于现代典型之谬误。现代典型之谬误有二：（1）以科学价值之科学，以科学能使吾人知人生之目的，由于科学吾人能引申出正确之思想与正当之行为；科学能使吾人确知信仰之内容，领悟世界事物之内藏。（2）为怀疑科学，适与前者立于正相反对之地位，斥科学呆滞人生，不能识透人生，灭绝精神。前者失于迷信科学，以科学之结论为绝对可能，绝对正确。后者则失于仇恨科学，甚或完全否认科学，以科学为无意义之事，为破坏人性不祥之物。两者针锋相对，正反而生，然均属谬见，究其实，科学之所以为科学，因科学为求知，求事实之必然性。吾人已不能奉科学为神圣，亦无须视科学为人间之妖魔。

　　虽然科学为求知且能知，但科学若越逾一切界限，广延阔揽，强以其无垠无际之理论，即为绝对实在之认识，迫令宇宙微末亦适应于自然法则，则不特知一而蒙蔽其他所未认识者，且必正因此而致完全失败。例如自然机械主义者以宇宙一切皆为因果律所支配，无能逃此因果法则者，故以因果律为绝对之真理，为宇宙中唯一之实在。然科学进步飞速，认识之外复有认识，此时是之者他时又非之，昨得今失，已真又伪，岂科学能知绝对之真理与实在欤？人生永无止息，常在动与静之间，随之人之智识亦无穷。科学愈进步，愈不能知绝对之真理，愈不敢以目前之所认识者断为空前绝后之唯一绝对真理。

若20世纪前，一切科学思想均为自然机械论所支配，则20世纪之新科学思想足以打破一切自然机械主义者之绝对因果观。20世纪初年白朗克（M. Planck, 1868）及爱因斯坦（A. Einstein, 1879）之量子论与相对论出，从前之科学信条固无以立足，即机械之自然观亦失其独占之权威。自是之后，科学为免再步自然机械主义之后尘，故不复敢求自然存在之本体，更不再以已认识者，断为绝对不易者矣。由是可见科学日新月异，进步不已，因而科学不能知唯一绝对之真理。

不论何种自然科学，若其以目前所知者，此时此刻所知之理论或假定当为绝对不易之真理，简言之，使某一真理绝对化，终必失败。19世纪之心理解剖学绝对相信："精神病即系神经病"，以精神病全为神经病，执此信条以视一切精神病。然今日心理解剖之智识愈发达，则知精神病非即神经病，精神病中有由来于不可知之神经变动者。此足使以"精神病即神经病"为信条之人，不得已放弃其原有之立场。有史以来关于人之认识及人之理想，头绪多端；但终不解人之本质如何，即令此后关于人之科学实际智识如何特别发达，亦永不能把捉人之本质，此敢断言者也。虽然狭见短识之人，或只以人为政治之动物，或只以人为自然之产物，或只以人为经济条件所决定者，或以人为纯精神灵魂，但哲学则不欲取此舍彼，一获自足，须广观远瞻，任重致远，揭暗就明，斯不失于偏颇简陋。

哲学所以不能偏颇简陋，盖系根据过去之经验有以致之。今之智识可以攻前之智识，一是一非，故凡偏于一面之认识皆不足以为全部之认识，皆将为他方面之认识所攻破。有此史实，故无论哲学及科学均不可就一得而普遍绝对化，噱一得之微而为全部之智识。惜向来诸哲学家及科学家，此中尤以科学家为最，每不明此理，常自傲自负，自夸其所见者为一切认识中最完备最有价值者、绝对者。但马格士·卫伯（Max Weber）❶，则破其谬误。卫伯以为：凡能由科学（如由经济学及社会学）研究而明者及科学所能证明者，科学必须尽可能研究之证明之。方法之科学固能认识事物及事物之各种可能性，但科学研究者若将其所研究及所证明者，为一般人客观所认许，则学者第须在其研究过程中摒除自己之对所研究者及所证明者之估价，更应摈绝希望、同情与反感等心理，增强意志，澄清眼

---

❶ 卫伯（Max Weber, 1894~1920），生于德国之爱尔夫特（Erfaurt），世界著名之社会学家、经济学家，一生以建立严密之社会学为己任。其以社会学不可直接以一定之形上学之原理及观念研究之，只可以实事求实之态度研究之。卫伯谓社会学为明社会行为，研究社会行为之由来及作用之科学，其为价值判断自由之科学，反之，社会政策则不然，必需顾及价值与利益。卫伯之主要著作有下列各种：
Religionssoziologie, 3Bde 1920（宗教社会学）
Wirtschaft und Gesellschaft, 1921（经济与社会）
Wissenschaft als Beruf, 1917（科学为职志）
Wissenschaltslehre, 1922（科学论）
Wistschaftsgeschichte, 1924（世界经济史）
M. Webers gesammelte Schriften, 1924（卫伯政治论文集）。上述之"科学为职志"一长篇文，亦收入此集中。
关于卫伯可参阅下列文献：
Marianne Weber, `Max Weber, ein Lebensbild 1926.
Karl Jaspers, Max Weber, deutsches Wesen im politischen Denken, Im Forschen und Philosophieren 1932.
A Walther, M. W. als Soziologie 1926.

光，打破简陋，揭穿蒙蔽，此一切学者之责任也。盖科学全不能为之估价，科学无价值与否之问题。

虽然卫伯示吾人以科学为价值自由之科学（Wertfreie Wissenschaft）（即科学不能价值），但另一方面卫伯又不否认科学与价值之关系。学者之选择研究对象及问题，每全以价值利益兴趣（后简称"利兴"）为标准，而学者之批评亦常谓某某著作，某某发现为最有价值者，此科学与价值利兴之关系也。虽然科学常与价值利兴有关，但如卫伯之所见：吾人必须明辨者，是科学一有价值则科学必易陷于绝对化之错误。故凡为学者必须困苦克己，摒除价值利兴，庶能产生伟大之研究力，使认识不为价值利兴所蒙蔽而如斗室自居，反自满自足。

从来科学研究者均不免为价值利兴所向导，科学固能为求一定之价值而能得一定之实际智识，但即因此而致科学家对其所得之认识估价过重而绝对化，结果必至全盘失败，从前之努力尽成泡影。科学如此，即过去之哲学亦然。总上，吾人可得一结论：由科学及科学的哲学之路，吾人终不得探知人生之根蒂，终不能由之而得为吾人行为之指针，终不能由之求得存在本体及实在。吾人今对科学失望之余，必须痛改前非，舍科学之路而还于纯哲学。

★　★　★

根据科学过去之经验，吾人知科学不能求真理与实在。因之哲学依科学而生存发展，已不可能，亦不能有寸步之发展，结果必与科学同归失败。现代哲学因感无实际之智识，故走实际科学之路，思以充实自己，但结果失望，于是仍回于哲学本位。此种趋势已指示吾人：回于哲学为今日以后哲学唯一可能之出路。故今日以后之哲学必须知本就本，庶不致超越本身之界限而自取末路，或虚张他学之阵容，损己陷人。哲学与科学各有其本，各有其本属之界限。于此先述科学之本及其界限，若吾人知科学之本及其界限，则哲学之本及界限自可因而明之。

科学之本及其界限有如下者：

（1）科学之认识为事实之认识（Sacherkenntnis），其认识非存在之认识（Seinserkenntnis）。申言之：科学之认识只能为部分之认识，认识一定之对象，不能知存在本体。科学所以有哲学之意义，因科学由未知及于知，复由已知而至未知。未知云者，存在本体是矣。

（2）科学认识不能予人生以一定之目的。其认识无永远之适用性；其认识亦不能有一定之价值，只为纯智识耳。科学固能认识事物之必然性及因而有认识上之明确性，但至此科学则终止不能再前矣。此外科学亦不能指出人生之本，盖指出人生之本乃哲学之任务，亦哲学所能胜任者也。

（3）科学不能回答科学本身之最终意义的问题。科学之所以为科学，因科学为求知，但其知并不能证明实在，求实在乃哲学之任务也。

于上简述科学之本及界限。科学之本及界限已明，然则科学之于哲学有何种积极之意义？哲学如何不可缺少科学？于下分三项简说之。

（1）近世以来因科学在方法上及在评判上积年累月用了巨大之努力，已将科学之氛气廓清，而自为纯科学矣。于是吾人乃以科学与哲学对立，从而更知哲学、科学两者混合之不当，应将两者之界分划，剥骨还父，削肉还母。

根据过去之科学、哲学混合之不当，因知科学之路非哲学所应循之道。盖科学之认识常越逾包罗，常绝对化其所认识者，反而蒙蔽实在，阻障哲学之认识。虽然如此，但科学之实际智识及科学在方法上精密所研究之结果，哲学得而利用之。因之，哲学得以涤净哲学之空幻，而对世界不致盲目。

固然科学之路不得即为哲学之路，反之，哲学之清确思想亦非科学所宜信从。但科学若无哲学，则科学必不能了解自己为何物，盖科学无对立之哲学，科学将超越一切而不知自己之本及界限何置。即科学家若无哲学之头脑，若不以其所研究者与人生有重大之意义，则科学家虽博通广识，亦将感科学无意义而必不更进以探索为人所未知之其他智识。是科学家亦必须有哲学之素养，然后始不放弃其科学研究。

由上，则知：哲学与科学若不彼此并立，则两者均陷于空虚，均不可能。然若科学、哲学两者舍本越界相混，则过去经验所昭示，亦为不可能。故科学、哲学各有各之任务，两者相助相成。

（2）科学能研究各种现象，故能供给吾人实际必然之智识，使吾人知：斯乃如此，斯乃如彼。故哲学若无科学之实际智识，则哲学亦不得有明确之世界认识，将甚幼稚，如盲人之捐圆为日。

（3）哲学非梦想，乃为求真理，故必须接受科学之头脑及科学之态度。科学态度云者：首须分辨已知事物之必然性，其次由认识之路而至智识，再次以智识而认明科学之界限。此外，凡有真正科学态度之学者，必须随时准备听取批评。批评，为一切学者之生存条件，凡欲寻求真理者，则必须接受批评，批评纵不足或不正确，但常足使学者自省自察而提高学者之努力，多所创造。故凡欲求知者必须接受批评，反之，凡不接受批评者，是不欲求知之人也。故哲学若失科学头脑及科学态度，则哲学思想亦必失其真实也。

科学与哲学虽各应独立，但两者间非无共同之作用，即各种科学亦非无相成之关系，哲学有科学然后始不空虚。然哲学专与科学同生死，则哲学必重蹈如中古之信条主义，而以哲学为他学之附庸。科学若有哲学，则哲学能保证科学之正确性，反抗仇恨科学者之过激感情之攻击。是科学、哲学互相为助，哲学不应限制科学，科学亦更不宜限制哲学，各保各之界限，各为各之任务。

★　★　★

从于上所论，吾人得知科学之界限及其意义。虽然过去科学自负自傲、自高自大而侵蚀哲学，然哲学之本仍屹然独立，深藏若虚。盖即因哲学之本深藏若虚、不能为人所尽揭，故前代无论何种哲学之于吾人，每有新认识及新意义，认识之后复认识，此意义之外仍有他意义。例如一种哲学原著，其中之思想虽早已为人所认识，吾人亦早已知其中之意义，但日后又有人以新眼光、新立场发见其中尚未为前人所发见者。即同时代之人，你于原著之见解如此，而我对之所见者自有不同，盖我我也，你你也，生生不同，自不能以我为你之准则。故不论何种哲学，永不能为人所了解无遗，其中所深藏之真理，决不能为人所完全掘出。此所以柏拉图、亚里士多德、浦罗汀（Plotin）、安洗尔（Anselm）、库士（N. Kues）、康德（Kant）、谢林（Schelling）、黑格尔（Hegel）等之于吾人每有新意义与新认识。此诚如谢林所言，哲学乃"公开之秘密"（Offenbares Geheimnis）。吾人研究一种哲学，固可知其哲学中之思想发展及思想结构，但若云完全了解某种哲学，非自欺即欺人也。

盖哲学之本深藏若虚，是吾人不能完全了解某种哲学，其了解不过为许多了解中之一部分，即我之了解也。然则科学之本则不同，科学之本为求知，是者必是，非者必非，是非之间莫有余地，无毫厘秘密之可言。简言之，科学之思想建立于事物之必然性上。此哲学与科学之根本不同也。

哲学之本何以深藏若虚？所以然者，因哲学除以治学之科学头脑及方法外，同时参加自我于其中，时时警醒自我，将一切引回于我，由我而变化之。因此，吾人永无绝对之哲学，永无一成不变之哲学，永无完成之哲学。吾人每奉一种哲学为唯一完善之哲学，此不特以一而蔽其他，实亦哲学之迷信。盖哲学有自我参与其中，故吾人所认识之前代哲学，非真前代之哲学。我非亚里士多德或康德，故我不能如亚里士多德及康德之了解其自己之哲学。真正亚里士多德及康德之哲学，实为吾人所不能了解者。

吾人研究哲学，发哲学之内蕴，但当吾人研究之时，即赖吾人之思想与所研究之哲学交接——参与自己于其中。然则自我非抽象体而系一种实体：在我之内外有时间及空间之条件，我不能与此时此地分离，而且每个时代均有其哲学思想样态及时代之新条件。唯我不能脱离新时代与新条件，故我之了解从前之哲学，只能在此新时代与新条件之下，而有新认识、新意义。如生存哲学虽为老哲学之一种，但今日吾人言生存哲学，自有一种新深刻之意义。

论到新时代、新条件，则使吾人最不能忘情者，是为科学之发展。近代科学发展以来，哲学与科学仓卒打成一片，使哲学失其独立，不能独存其真。近代以来，科学、哲学两者结合程度之深，为任何时代所不能比拟。同时斯二科之结合，实为近今两代之时代精神之特征，但时至今日吾人即翻然警悟，知科学、哲学两者混合之不当。故最近哲学界思克服前非，使两科各就其本而分离。现代科学、哲学各自独立之意识，俱见渐次提高，故今日之哲学必须启明科学与哲学之本，各就其本而发扬之。

今日之哲学之伟大壮烈固可与前苏格拉底哲学（Vorsocratismus）相比拟，然若吾人知今日之新时代、新条件，则今日之哲学虽可与前苏格拉底之纯哲学相比拟，而终不能由此了解彼，或由彼了解此，现代哲学已深入一切，非如古代哲学之单纯。古代哲学上之问题，今日视之直有等于儿戏者。故今日之哲学必须在已知之实境中，复杂现象中，在新科学、新时代条件之上，迂回弯曲，追求深刻。

今日哲学必须在新时代、新条件上产生。即从前之哲学能予吾人以最根本之认识，吾人亦未可接受之。盖吾人生于此时代中，必须把握此时代之特性，而后始可能了解历史上之哲学，由近及远，由此及彼，斯为今日哲学上之正确出路。

★　★　★

前言哲学之本，此哲学之本为科学所不能发见者，亦非科学所能及。现代哲学系回于实在，但其达于实在乃假"思想"之道，而求实在于"内在行为"（Inneres Handel）中，以"此思想"而接近一切事物，将一切基于自我而实践、而超然化。

此所谓哲学之"实在"非科学所能发见而有"一定智识内容"之实在。过去科学及哲学以其所发现者即指为存在之本体，存在之全部，但终必失败；现代之哲学根据过去之教训，而不再以哲学为存在全部之学，不以宇宙全体之认识为哲学之任务矣。

此所谓之实在亦非纯感觉可能捕捉者，只能于思想中求获之。现今哲学思想之趋势，迫使吾人以思想自验实在本身。人之实在非我之实在，我能自验之实在乃真我之实在，其与我始有实在之意义。故欲达于实在，我必须思想，但不可以一得之微即为实在，反之必须永常思想，不息探索，必如是，则在永远不息思想中，我能获一多于思想之实在。

现代凡走生存之路而产生之哲学头绪万端，已不能总论生存哲学，亦不能就余一方面之思想而为论述之根据。兹就生存哲学中之根本思想列举如下数点分章详论之，庶使读者知生存哲学之为何物，但未论生存哲学之根本思想之前，宜先述生存哲学之父杞尔格嘉及尼采之思想。

本书内容：

第二篇：杞尔格嘉与尼采。

第三篇：论存在问题，但此之论存在问题，系在"把握"（本篇将解释此名词）广域之意义上，启明何者为存在。

第四篇：真理问题，但此之探讨真理问题，系在至存在之路意义上，指明真理之可能性。

第五篇：为实在问题，但此之索求实在，系以实在为人生之本及目的，为吾人一切思想及生命之归宿。

第二篇　杞尔格嘉与尼采

若黑格尔以历史为理性之发展，是黑格尔只知片面单纯之"理性"，而不知理性之外，尚有"非理性"存在也。盖理性若无非理性对立，则理性为不可思议者；此诚如"实在"若无有与实在对立者，实在亦同为不能思辩❶者也。故哲学除理性之外，必须索求"非理性"如何由来之情形，其如何必然存在之道理，积极搜求非理性之本质。

因是，哲学之任务不独应肯定理性，尤不可否定非理性，进而积极把捉（搜求之意）非理性及反乎理性者，以理性改变非理性，化非理性为理性。换言之，即使非理性与理性调合一致，庶世界一切不致凌乱无章，而有秩序也。

非理性者，吾人永不能认识之。盖吾人持理性认识一切，而"理性"则根本反乎非理性，故以理性之形式（或谓之认

---

❶ "思辩"，当为"思辨"。——编者注

识之形式）而包容非理性则可，然以理性认识非理性或消灭非理性则屡必失败。故无论任何哲学思想，若以纯理性解决存在，则常与存在中之非理性相矛盾，是纯理性之哲学永不能知存在之为何物。

智识本来自理性，故智识常为理性而反非理性，以非理性为非物，为偶然之现象；但若吾人以理性而把捉一切，结果必至粉碎理性或缩小理性，以理性为认识之界限（如康德是），而奴隶理性。然人非机械，其所表现而为史实者有万万千千，内容不一，形态各殊，何可以一种认识法则或一种理性法则，绳诸天下之人，而绝灭人之个性乎？

上言，理性不过人生之片面，此外尚有非理性存在。此种矛盾，散见于历史所表现之人类思想现象上，尤显见于哲学史中。兹略举数例以为证：

往昔诸哲人每知在智识之外，尚有不可认识之事。如苏格拉底方欲行时，则闻超意识之"魔力"（Daimon），柏拉图知吾人中有疯狂（Wahnsinn），所谓"疯狂"，其为理性多而为病态心理少，其作用多来自超然之神，诗人哲学家有疯狂则能透视存在。

按亚里士多德以集一切人事，然后理性的思索之，可知"幸福"为何物。但幸福之来，常不为吾人意料所及。此外亚里士多德以为：有人根本抱定反理性之非逻辑的原则，其意识及行为每无理性或反理性。

此外在希腊思想形式中，尚有一种普遍之矛盾：如巴尔门尼德士（Parmenides）之将存在本体与现象对立，德谟克里之将存在及空虚相对，亚里士多德之分世界为物质与形式。

及至中古，基督教哲学家中仍有视理性与非理性对立者，如理性与信仰之矛盾是。基督教哲学家中有视理性即神所启示于吾人者，或有以理性为信仰之敌，斥以理性为信仰之内容者为异端。

近代新哲学自迪卡儿[1]（Descartes，René）积极建立理性系统以后，一切哲学莫不上承迪卡儿之思想而以理性为思想之中心，继迪卡儿之后有启蒙哲学。启蒙哲学之根本精神盖为理性，以理性观察人生，解绎人生，观察宇宙，解释宇宙。然迪卡儿出则有与其对立者：巴斯加尔（Pascal，Blaise）是。反迪卡儿而同时又反霍布斯（Hobbes，Thomas）及格罗秀斯（Grotius，Hugo）者则有维哥（Vico，Giavanin Battista）其人。法国启蒙先锋巴益（Bayle Pierre）则反洛克（Locke，John），赖布尼资（Leibniz，Gottfried Wilhelm）及斯宾诺莎（Beneditus De Spinoza）。此即近代哲学上之一大矛盾也。

17及18两世纪之哲学，形形色色，诸思想家各立新论，诸种思想总错相互对立。至康德（Kant Immanuel）乃总集其前代之大矛盾而自成严密之新理性系统。康德之后有德国观念主义。观念主义者，不独不反理性，反将理性巩定化。虽然德国观念主义对理性系统有无限之发扬与新创，然"理性"自康德至黑格尔显然已迫入绝对化之境矣。

吾人总观上面所举古今哲学思想之情形，可知理性必有非

---

[1] "迪卡儿"，今译为"笛卡尔"。——编者注

理性对立，非理性出自理性，或日后变为理性；或非理性为理性之界限，或因非理性而产生更好之理性。理性与非理性必常相对而生。

历史乃变迁不已，无时不在动静之间，有此则有彼，正然后生反，是非相生，故自希腊哲学家黑拉克里（Heraklit）至黑格尔之一贯的辩证观，今日仍为吾人所乐予接受者，盖其为历史法则及思想现象界之法则也。吾人今日精研或发扬黑格尔之哲学，实因黑格尔有伟大之系统及精密之辩证观。然正因黑格尔有高耸云天之系统，并将"精神"绝对化，于是有反黑格尔及反黑格尔以前之观念主义之哲学。代表此反潮流者，丹麦之杞尔格嘉❶、德

---

❶ 杞尔格嘉，1813年生，死于1855年。毕生孤独，不婚，不务职业。著作有如下列各种：

1843. Entweder-oder（非此则彼）
1843. Furcht und Zittern（惊悚）
1843. Wiederholung（流转）
1844. Der Begriff der Augst（惧之观念）
1844. Philosophische Brocken（Auch ein Bisschen Philosophie）（哲学论丛）
1845. Stadien auf dem Lebenswege（生途阶段）
1849. Die Krankheit zumo Tode（致死之症）
1850. Einiübung im Christentum（基督教之修养）
1851. Zur Selbstprüfung der Gegenwart anbefohlen（许为现代之自验）
1851. "Rihtet sellst"！（正己）
1855. Der Augenblick（瞬息）
1855. Leben und Walten der Liebe（生与爱之支配）

此外，如杞尔格嘉之作家生活自述及一部分关于伦理宗教之短篇论文，于此未及详列，杞尔格嘉德文版全集有下列两种：

Herrmann Gottsched und Christoph Schrempf 版（Eugen Diederichs Verlag）
E. Geismar und R. Marx 有选集

现代德国生存哲学家海德格（M. Heidegger）、叶斯必尔士（K. Jaspers）即深受杞尔格嘉思想之影响。开于杞尔格嘉可参考下列各书：

O. P. Monrad. S. K. sein Leben und seine Werke.
H. Höffding. S. K als Philosoph. 1922.
E. Geismar. S. K. seine Lebensentwicklung und seine Wirksamkeit als Schriftsteller. 1929.
M. Thust. S. K. Grundlage eines Systems der Subjektivitat. 1931.

国之尼采❶是也。

---

❶ 尼采（Friedrich Nietsche, 1844~1889）生于德国罗肯（Röcken），为传教师之子，5岁丧父，母移居脑恩堡（Naumbury）。10岁进该地高等学校，14岁（即1858年）转学于贺尔他学校（Schulphorta），得免费待遇。年20（1864年）进波恩（Bonn）大学。两年后即随乃师李直尔（Rietschl）转学莱必齐（Leipzig）大学。于此曾与名语文学家洛德（Erwin Rohde）创立语文学会。大学未毕业即承李直尔介绍，任瑞士巴色大学语文学教授，时年不过24（1869），是年识瑞士名史家布尔卡特（Y. Burckhardlt）。1869~1872年间与名音乐家瓦格纳（R. Wagner）及名画家阿发北（Overbeck）相识，1873年因病请假一年。1879年，时尼采35岁旧病复作，因辞教授职。1879~1889年间常作旅行，大半往意大利，冬季则往尼查（Nizza）。1889年正月因精神病死，享年45岁。

研究尼采之善本：
Grossoktavausgabe 1910~1913

尼采著作年表：
　　1866~1877　Philologika（语文）
　　1870~1871　Die Geburt der Tragödie（1, 1872 初版）（悲剧之产生）
　　1873　Uuzeitgemässe Betrachtung（8, 1873 初版）（不合时代之观点）
　　1873~1874　Vom Nutzen und Naehteil der Historie für das Leben（2, 1874 初版）（历史于人生之利害）
　　1874　Schopenhauer als Erzieher（1874 初版）（教育家之叔本华）
　　1875~1876　Richard Wagner in Bayreuth（1876 初版）（瓦格纳在巴莱）
　　1876~1878　Menschliches Allmenschliches（5, 1878 初版）（人之至人事）
　　1878~1879　Vermischte Meinungen und Sprüche（3, 1879 初版）（杂感与诫谙）
　　1879　Der Wanderer und sein Schatten（12, 1879 初版）（行人与其暗影）
　　1880~1881　Morgenröte.（7, 1881 初版）（朝霞）
　　1881~1882　Fröhliche Wissenschaft 1~3（9, 1882 初版）（快愉科学）
　　1883~1885　Zarathustra（分别于5, 1883, 1884, 1892 初版）（查拉图士特拉）
　　1883~1888　Wille zur Macht（意志及于权力）
　　1885~1886　Yenseits Von Gut und Böse（1886 初版）（彼岸之善恶）
　　1886　愉快科学 V（1887 初版）
　　1887　Zur Genealogie der Moral（11, 1887 初版）（原伦理之学）
　　1888　Der Fall Wagner（1888 初版）（瓦格纳之没落）
　　1888　Gotzendämmerung（1, 1888 初版）（偶像之迷离）
　　1888　Der Antichrist（1902 初版）（反基督者）
　　1888　Nietsche contra Wagner（1907 初版）（尼采与瓦格纳之契合）
　　1888　Ecce homo（此生）
此外有尼采之通信集 Tuselverlag 共五部。
关于尼采之参考文献选列于下：
Charles Andler, Nietsche, Sa Vie et sa pens'e.（Paris 1920~1931）
　1. Les Précurseurs de Nietsche.
　2. La jeunesse de Nietsche.
　3. Le pessimisme estetigue de Nietsche.
　4. La maturité de Nietsche jusqu'a sa mort.

（转下页）

若杞尔格嘉以前之一般哲学家求存在之真理于客观世界中，杞尔格嘉则以为：存在之真理不在吾人之外界，而在人之内在中，故主观即为真理，真理在我之"生存"中。"生存"乃为吾人之理智所不能认识者，但其仍常存在，不过须吾人启明（erhellen）之。

理智已不能认识生存，故有人疑生存即为理智以外之"超然"（Transzendenz）。生存固常与超然共在，但超然非即生存。盖生存必须与"现实"（Dasein）相与，若生存之思想与现实相违，则生存永不为我所能启明，从之吾人亦不能触悟我之人生之本。故生存思想必须从现实中产生。

自杞尔格嘉之后，于是有现代新哲学——生存哲学。舍勒尔（Max Scheler）、海德格尔（Martin Heidegger）❶及叶斯必尔

（接上页）

5. Nietsche et le transformisme intellectualiste.
6. La derniere philosophie de Nietsche.

Lou Andreas-Salome', Friedrich Nietsche in seinen Werke.（Wien 1894）

Alois Riehl, Friedrich Nietsche, der Künstler und Denker.（Stuttgart 1901）

Karl Yoel, Nietsche und die Romantik.（yena 1905）

E. Betram, Nietsche.（Berlin 1918）

Karl Yustus Obenauer, F. Nietsche, der ekstatische Nihilist.（Yena 1924）

Ludwig Klage, Die Psychologischen Errungenschaften Nietsehes.（Leipzig 1930）

Alfréd Bämler, Nietsche der Philosoph und Politiker.（Leipzig 1931）

Karl Jaspers, Nietsche.（1934）

Alfred Bäumler, Bachhofen und Nietsche.（1929 Zurich）

Friedrich Mess, Nietsche der Gesetzgeber.（Leipzig 1930）

Yulius Zeitler, Nietsches Asthetik.（Leipzig 1900）

N. VonBubnoff, Friedrich Nietsches Kulturphilosophie und Nmwertungslehae.（Leipzig 1924）

Werner Brock, Nietsches Telee der Kultur.（Bonn 1932）

❶ 海德格尔（Martin Heidegger），原为现象学派鼻祖胡塞儿（Husserl）之门生，其著作与生存哲学最有关系者为《存在与时间》（Sein und Teit）1927，《何为形上学》（Wast is Metaphysik）。关于其有下列文献足资参考：

H. Reiner, Phänomenologie und menschliche Existenz.（1931）

T. Pfeiffer, Existenzphilosophie, Einfukrung in Heidegger und Jaspers 1934.

士（见本书序言）❶等均以"生存"为其哲学中心，尤以叶斯必尔士对生存哲学更有特别之贡献。

若向来之哲学皆为求事物之一般性及认识之法则，生存之思想则一反从前哲学之根本态度，不以理性强化宇宙关系之一般性或吾人之认识法则，乃只探求人生之本，解答每个人在其现实中所发生之问题（非解答一般人在其现实中所发生之一般问题，乃系解答每个人在其现实中所发生之特殊问题）。杞尔格嘉之哲学如此，尼采之哲学亦如此，其两人之思想均建立于生存之上也。

尼采与杞尔格嘉在生前固少人过问，久以来亦不为哲学界所注意，直至今日始为吾人所推崇，而常以斯二哲学家与黑格尔对称。斯二哲学家之影响今日思想界，几等于黑格尔之于19世纪，盖因杞尔格嘉与尼采影响今日思想界若此之大，故反尼

---

❶ 今日言生存哲学者，多推崇卡尔·叶斯必尔士（Karl Jaspers），亦为生存哲学之父。叶，生于1883年，为北德国人，原习医学。精于心理解剖学，曾建立精神病，非即神经病之理论。

叶斯必尔士之哲学除受柏拉图、浦罗丁（Plotin）、斯宾诺莎、康德、黑格尔、谢林、尼采等之影响外，尤深受杞尔格嘉哲学之影响，故叶斯必尔士与杞尔格嘉之"生存"观念之意义同为"自存"之义，所不同者惟两人所用之名词及两人所想象之"生存"程度耳。若杞尔格嘉以自存建立于"神"（Gott），叶斯必尔士则以之因"超然"（Transzendenz）而生，而只与"超然"与共。

叶斯必尔士分存为三：一为物存，二为生存，三为存在本体。其所著《宇宙解》《生存启明》《形上学》盖即分论上述三种存在之杰作。其著作截至1938年止有下列各种：

Allgemeine Pathologie（普通病理学）1913
Psychologie der Weltanschaunng（宇宙观之心理）1919
Weltorientierung（宇宙解）1932
Existenzerhellung（生存启明）1932
Metaphysik（形上学）1932
Die Geistige Situation der Gegenwart（现代之精神生活状态）1933
Nietsche（尼采）1934
Vernunft und Existenz（理性与生存）Groningen 1935
Descartes（笛卡儿）1936
Existenzphilosophie（生存哲学之根本问题）1938

采及杞尔格嘉者亦大不乏人。即此已足见其二人影响思想界之大矣。其二人之影响思想界何以如此之大？欲解答此问题，必须将其二人作一比较。盖二人之根本思想相同，自其二人之后，使哲学回于生存。杞尔格嘉与尼采在生固不相闻，彼此间亦绝无互相影响。❶ 即因其二人从未相知而又无思想之彼此互相影响，但其二人之为人及思想又根本相同，故吾人将其二人作一比较，当更有深刻之意义。今先举其二人之思想，次举其二人之自意识，末举其二人之生活状态，分别比较论述如下。

1. 尼采及杞尔格嘉之思想比较

因尼采及杞尔格嘉不满现实，以现实为欺骗，故怀疑现实，否认一切。于是欲超乎现实而取得真理。然超现实者为"超然"，超然实等于"虚无"。尼采深感内心虚无之痛苦，杞尔格嘉亦然，是虚无为其二人所同感者。杞尔格嘉虽信基督教，以耶稣基督为唯一之真理，但超于世界之外的基督教，其于杞尔格嘉实即等于虚无。纵然尼采欲在虚无中或在真空中求得新存在，但结果仍无所获。

杞尔格嘉及尼采之怀疑一切，尤怀疑理性。若理性主义者及德国观念主义者视理性为当然，为宇宙一切存在之条件，然尼采及杞尔格嘉之后，则前认理性为当然或为绝对者，今则理性又悬为问题。开史以来，曾未有如尼采及杞尔格嘉反理性之

---

❶ 杞尔格嘉于1855年死，故绝不能受尼采之影响。尼采于1888年前尚未闻杞尔格嘉其人，自亦未读杞尔格嘉之著作。至1888年尼采始知杞尔格嘉之名，其时尼采虽欲研究杞尔格嘉之心理问题，但终未果。可知二哲在生前无相互影响。

甚者。若理性主义以宇宙为一大理性之系统，谓理性潜游一切宇宙事物之间，则尼采、杞尔格嘉简直斥理性系统为笨拙，为不可思议者。但吾人须了解：尼采、杞尔格嘉之反理性，非反理性本身，实反理性之单调性，欲于理性之外，进而认识其他所未知者，求人生之本，使不为理性所界限或所蒙蔽。故其二人之怀疑亦不同普通一般之怀疑，而实与普通消极之怀疑相反，以积极之态度，求索最真实之真理。

欧洲18世纪继启蒙理性主义而出者为感觉哲学。感觉主义之哲学家如法之卢梭（T. T. Rousseau），德之耶科比（Dr. H. Yacobi）均反启蒙之"理智"。然杞尔格嘉、尼采二人之反理性主义实非即如感觉主义之反理智，盖其二人之反理性乃为积极求索理性之外更高深之思想、更高深之观念以表达其理想，故及简陋之理性。

两位哲学家之思想虽伟博高深，然均无一贯之学说，无一成不变之思想，无绝对不移之宇宙观。所以如此者，盖宇宙之于其二人，无时不在变动中，一切尚属问题，其二人均为无限"反应"（Reflexion）（包括内反应与外反应）之人，对现实发生无限之反应；其反应已无限，自不能有一定之宇宙观，同时亦不容其二人建造特定自蔽己之系统，理至明也。今日之推崇或研究尼采及杞尔格嘉者，或取其断片之思想以为一己之护符，或以其二人之言为金科玉律，此诚有违两位哲学家之根本精神态度。

盖尼采及杞尔格嘉均求人生之本，故轻视合理科学之智识，以科学不能求真理。杞尔格嘉讥研究科学之教授云：多数大学教授生于研究，死于研究，生死均为研究，然终不获实在。学者可作批评，或发扬他人之学说，而终不知真理为何物。❶ 所以，杞尔格嘉以生活之最可惧者，为吾人能认识世界或奇化世界，解释自然，结果永不识自己为何物。❷

尼采则评一切学者，为典型不能自存之人。学者所欲者乃世界之认识，然因而终不知自己之生存何置。

数千年以来，哲学家无不重"系统"；德国观念主义者尤重系统，以系统为人格之表现，为哲学思想之统一形式。黑格尔则志于建立系统，故其系统之博大高耸，为有史以来任何哲学家无可与之伦比者。黑格尔之系统固甚宏伟崇高，但黑格尔之后，系统则渐为人所轻忽矣。尼采及杞尔格嘉甚以系统为哲学家之故意矫揉造作，使思想与现实相离，为骗人之哲学惯技，令人失望。杞尔格嘉谓：宇宙固为一广大之系统，然其系统乃为神而有，非为人也；哲学及科学所谓之系统不过与"界域"（Abgeschlossensein）之意义相当。然存在乃无限，适与界域中之特定存在相反。所以系统之于吾人，因与存在相反，为不可能之事也。❸

杞尔格嘉以系统为不可能，于是进而讥讽一切系统之哲学家曰：营系统之哲学家，如一人焉，建其宫室临于秽泄之侧，居其中固觉华丽尽美，但空壳中何能有实在。人之思想固须修

---

❶ 《杞尔格嘉日记》第二部 87 目（T. Haacker 译本 Tunsbruck 1923）。
❷ 同上日记第一部 303 目。
❸ 《杞尔格嘉全集》四本，202 页（Yena, Diederich 版）。

饰，但人生不能离思想而生，故必须居于我之思想中乃得真实。❶

迪卡儿能怀疑，尼采比迪卡儿更能怀疑（尼采欲比迪卡儿更能怀疑）。❷ 尼采根本怀疑系统，以黑格尔之沿理性而建立其如"哥特式"（Gothik）（原为西洋建筑术之一种。欧洲教堂多采此式建筑，窗圆，室内外均设线条式之柱，表示提升之意。室顶有无数之尖端，但不失其全盘之统一性。详参黑格尔美学讲义论哥特篇。Hotho 版）之耸天高塔之系统，为一种重大之失败。❸ 因尼采以志于建立系统，实即缺乏创造力也。❹

杞尔格嘉及尼采均反理性主义，以理性主义之认识论为不可思议。然则"知"从何来？二人之意见，同以知系来自"选择"（Auslegung），选择而后吾人必能知其所选择者为何物，从而能了解自己之思想，故由选择而来之智识，始为真智识，忠于自己之智识。盖人之智识由选择而来，所以真智识不能有系统，亦无须乎系统。

今论"选择"：尼采以为，现实可供吾人作无限选择之场所，现实中种种类类杂陈，吾人之选择亦因之永无止境。杞尔格嘉则谓：事物无穷，现象亦无穷，故一切事物，能永供吾人为构造新智识之资。凡为吾人所选出者，即为吾人之新实在，有意义之新实在。然则事物无穷，随之吾人之选择亦无止息，

---

❶ 杞尔格嘉：《判书》（Buch des Richters, H. Gottsched 译本 Yena 1905）第128页。
❷ 《尼采全集》（Grossoktav）第14本第5页。
❸ 同上，第13本第89页。
❹ 同上，第8本第64页。

按此可知智识之无涯矣。生也有涯，欲以有限之生尽通道理，求绝对之真理，当不可得也。故凡哲学思想均不可绝对化，不可指某事某物为绝对唯一之真理。哲学不过个人之精神态度而已，无永远不变之真理。

因此，尼采不欲以其思想及著作为对人类或自然之描绘，仅欲以其著作显示其人所握得之实在耳。❶ 杞尔嘉格亦然，只愿借其作品以示其个人之生存，此外则别无其他意义也。❷

哲学自希腊巴尔门尼德士、迪卡儿直至黑格尔无不以为"思想即存在"。然尼采与杞尔格嘉则不同，完全反乎向来哲学上之传统观念，以为存在不在我之外，而在我之中。杞尔格嘉云：你所信者如此，你亦即如此，"信仰即存在"❸。尼采则主张"意志及于权力"，信仰如意志，达于权力，此即真存在也。

因杞尔格嘉与尼采以主观为真理，以哲学思想为个人精神之态度，故二人均不欲以其著作为凡人所了解，不欲使世人在其著作中读出真理，只愿以之为他人之借镜。尼采所以云："勿步我后尘，请随你自己！"（《查拉图斯特拉》）。凡研究尼采者，其慎乎斯言。杞尔格嘉亦然，尝喻其著作为一明镜，但其中无先知师在焉。

---

❶ 《尼采全集》第7本第190页。
❷ 《杞尔格嘉全集》第7本第304页。
❸ 同上，第8本第91页。

2. 尼采及杞尔格嘉之自意识比较

从来哲学家多以时代之领导者自任，欲自"我"之后，即开创未来之新时代。此种意识尤于费希德及黑格尔最强烈。独尼采及杞尔格嘉则否，二人均不欲为其时代之前锋，不愿为时代之代表者；只愿消极地（在与行为的积极意义比较）表现其自己之存在，以示其一己之生存。吾人观其二人之思想，每可知其二人不过为时代之反流，不满其时代之人，为其时代所促醒之"特殊人"。杞尔格嘉因知其自己为特殊人，故有"特殊人之理论"（Theorie der Ausnahme），尼采则要求肯定"特殊人"之特权，以袒护特殊之人。

即因其二人自知为人中之特殊人，且二人之特殊人意识至中年尤强烈，结果流于过激之"孤独"，不供公职，不结婚，不交友，甚至不作任何积极之行为。二人以为必如此乃能为实际主义者，而与实在接近，指染实在之深处。

实在应与时代相关。吾人之认识须认识实在。认识不针对实在是为空想，然实在与时代共存，故认识实又必须握住时代。现代之人，每由经济、工业、历史、哲学、社会学等方法，以认识其时代，但杞尔格嘉及尼采则反是，二哲均由人之本质而认识现时代。

杞尔格嘉察知其时代为一大欺骗，举世无一真实之基督徒。今日之基督徒皆以神为大愚，礼之拜之，此殊不合于新约中之基督教义。今日之基督教徒，舍于下两出路外别无新出路：或巧立名目，掩饰基督教之虚伪，为虚伪立一理论之基础，然若此，则一切将变为虚空；或则正心诚意，承认今日基督教之可怜处，以唤起未来能有真正之基督徒出现。[1]

尼采则评其时代之实在性云："神已死矣。"

由是可知：杞尔格嘉及尼采均以其时代毫无实在性，一切皆空虚。虽然二人都知其时代纷乱，无任何实在性，但二人非为"空虚"而生，仍对时代乐观。杞尔格嘉假定基督教仍可为真理，尼采则以现代之无神，不过时代之"转变"（Chance）耳。此可见二人虽明知现代空虚，但非为空虚而生，反欲求存在之本体，人生之本，为人生而奋斗。但二人之为人生而奋斗，非若政治家之有一定之政治改革计划，实际上二人均根本无所谓计划，不过欲传其思想于世界，使世人警惕，使世人知空前所未有者，今则有之。因其二人无一定人生之计划，甚以人生计划为不可能，故其思想无一定之信条或法则，尼采以无思想信条为其一生之大政策，杞尔格嘉则以永远进步的基督徒为其一生之任务。

人生不能有一定之计划。人生计划之所以不可能，因人之命运无定。禽兽因为本能所限，故有一定之命运，猪肥则宰，鸡供人食；然人则不同，人有不定之命运（尼采），今日不知明日事，所以不能有人生计划。即有计划，亦往往不能就原定之计划而达其目的。

---

[1] 杞尔格嘉之《评击基督教》（Augriff auf Christheit）（Agitatorische Schriften und Aufätze, 1851~1855）（Stuttgart 1896 年版）页 321~140。（疑有误，原书如此。——编者注）

杞尔格嘉及尼采因无人生之计划，故毕生尽为无限之"反应"所牺牲（但二人之牺牲非失败，乃系成功），即因其二人为无限断片之反应而牺牲，故一生无一定之思想形态，因此不能有思想之地盘，结果沉溺于超然中，欲于超然中追求其生存。

哲学上之反应期，自费希德之后已成为普遍之现象。在费希德之后，各种思想之新创，权威之被推翻，自此之后思想界之障碍尽除，智识可以尽量自由活动，惟时至杞尔格嘉及尼采则反应更有一种新意义。

杞尔格嘉以"反应"为不仁，其能使人生纷乱，阻止为人之一切决断。其来也源源不绝，其为事也又常作辩证之狡巧。❶ 虽然反应能常恶作剧，但反应能供吾人无限之思想资料与意义，能使人警醒，使吾人于无限之存在事物变化中获得无量之意义。若吾人无反应，则必陷于自满自足安静而刻板之生活状态中，于是将信世界为绝对的或迷信某种道理，而致不求更高深之真理，不求更好之自由。故无限之反应，实为吾人达于自由之条件，因之，吾人能打破一切有限之监牢，而得广观远瞻，探染真实。

所谓反应为达于自由之人生条件，意即是说：因反应吾人乃得自由自主。杞尔格嘉及尼采之于反应，非一生为反应而努力，不过以反应为人生达到自由之过程。人生不能脱离现实，故欲达到自由，必须克服反应，消灭源源而来之反应，使自己

---

❶《杞尔格嘉全集》第4本第244页。

能自主自由，使自己为反应之主人，得着最后之信心。

所以，杞尔格嘉及尼采同以反应为生存之条件，为生存之可能性。人生已不能脱离反应，有反应然后有日日新之思想，而时时提醒自己，反省自己，故思想永不过如一种科学之实验。杞尔格嘉比其思想为"实验"心理，尼采以其思想为一种"探险"。

杞尔格嘉、尼采一生都为无穷之反应所拘缠，故欲以合理之语言以表现其无限之反应，殊不可能，所以杞尔格嘉及尼采冲破一切语言之习惯，创造独特之语言，以表现其思想，表现其所探得之人生深处。盖即因其二人找求新语言，创造新语言，故二人均轻视流行之文字，更贱视流行之文学。事实上，自杞尔格嘉及尼采之后，丹麦及德国之文字实达到最高之标准。

杞尔格嘉与尼采之创造新语言，以表现其独特之思想，此与其特殊人之自意识，互相辉映。因二哲知自己为特殊人，故尽去群性，甚以团体生活为破坏人性之怪物，因而寡居孤独，引音乐为唯一之朋友。虽然二哲均为音乐所吸引，但又同以音乐为作恶之引诱者。

二哲已爱音乐而又恨音乐，结果二哲对世界全无所留恋，日形孤独。二哲已爱孤独但又怕孤独。杞尔格嘉于是仰天呼救，诉苦于神之前。尼采则以其所经历之孤独，即但丁（A. Dante）及斯宾诺莎亦所未经者。尼采虽不如杞尔格嘉之呼神为伍，然引查拉图斯特拉（Zarathustra）为永远之朋友。

二哲已知世上无一真实之存在，故由世界内在一跃而求真理于"超然"中。杞尔格嘉求基督教之真实，故愿舍弃一切，恳敬基督。尼采则求"超人"及"永远轮回"。尼采为求超人，结果陷于空虚，杞尔格嘉为求基督教之真实，结果又因基督教已被人所粉饰而反陷于与基督教本身疏离之地境。若尼采求事物之轮回，求前乎苏格拉底之希腊精神之再生，则必须增强内在之意志，使意志生权力，以肯定存在，求得深刻之真理；但若欲直接求之，则即失超然之内容。又若杞尔格嘉欲刷新神学，则结果将不免矫揉造作，而致为人所不信。故其二人必须绕超然之道，苦心以求之，由象征以求得其所希求之内容。

从表面上观之，杞尔格嘉系一基督教徒，尼采则系无神主义者，二人似不相同。但深察之，前者虽系基督教徒，然因今日基督教之被粉饰虚假，故信者可以不信；是杞尔格嘉实等于无神主义之尼采，二人根本相同也。

3. 尼采及杞尔格嘉之生活比较

上论杞尔格嘉及尼采之思想与自意识根本相同，后当叙其二人生活形态之相同处。

杞尔格嘉及尼采均在40岁上下即终止其哲学思想，此后即不知所以，并何以为生。二哲均曾受深刻之基督教教育，但日后均猛攻基督教。杞尔格嘉揭发教会及基督徒之虚伪及无意识；尼采则根本攻击基督教。

二哲已深受基督教教育，而日后又攻击基督教，但二哲亦同出身于文学而日后又极轻视文学。故初见二哲努力于文学，但后来忽不见其有新文学著作续出。二哲之著作均不愿售版，以自己之积蓄付印。

二哲之著作出版后，久少人过问，亦久无人同情或响应。虽然间有喜读二哲之著作者，但多爱其文章之华丽富于诗韵，少人重其思想。

及杞尔格嘉、尼采死后，其学乃为人所重视及为所研究，甚有奉二哲为神圣者。所以致此，实因二哲之思想与现时代及对人生之实际有密切之关系与警醒。二哲均知数千年来之人类历史，将从此而终，故二人均视其时代为一特殊之时代，应有一种"特殊"以显示人间。杞尔格嘉因而自以为"特殊人"，著其《特殊人之理论》，以特殊人比凡人，凡人所爱者及所需要者，彼不近之。尼采则袒护特殊人，以特殊人无需一定之规律。

虽然二哲均自命为特殊人，但此之所谓特殊人非时代之先锋，亦非万世之师表。杞尔格嘉云："我乃一个在试验中之人，在人道意义上，无人能效法我……"❶尼采则劝人勿以其"师表"（Weiser），勿以其为"圣者"（Heiliger），亦勿以其为"救世者"（Welt-Erlöser），如查拉图斯特拉，但愿言而不欲听者对其所言发生信仰，甚劝听者各行其是，勿以其——查拉图斯特拉，所言为真理，"勿步我后尘，请随你自己"。今日崇

---

❶《杞尔格嘉全集》第4本第332页。

仰杞尔格嘉及尼采者，间有模仿二哲之为人，观二哲此言，可知模仿之无谓矣。

二人同系排除肉体，纯寄生于其一己之精神中。杞尔格嘉谓：我之身体无论在任何方面言，皆已早失生之条件，非如常人之身体矣。❶ 可见杞尔格嘉除精神之外，全无肉体生活。尼采亦然，其喻肉体为"黑暗"，以自己之精神为"光明"，其云："我本是光，我如今又是暗……但我必永远住在我之光明中……"❷

前言杞尔格嘉、尼采以自己为特殊人，因而过激流于孤独，自知在世不能获一良友，前者自喻如"孤松"……偶有山鹤营巢于其上；后者自喻为"高松"，孤高独长。

二哲每以自己为特殊人，故其思想及著作亦由于特殊情形而来。尼采谓其在写作时有一种特殊不可思议之力，遨游乎纸上。杞尔格嘉则以其手如神之手。盖当二哲著作时有一种神力操纵，故二哲写作活泼轻妙，如"舞蹈"焉。尼采直以其思想为"舞蹈"。因此，二哲爱轻快之思想，恶"沉重之精神"（Geist der Schwere）。尼采谓：沉重之精神系居于为某项目的之伦理及科学中，所以尼采恢伦理与科学。

现代究研尼采及杞尔格嘉者，多以二哲为预言家。二哲之为预言家在文化史上固无可怀疑，以二哲为时代之预言家则可，若以二哲为永远之预言家则不然。杞尔格嘉自谓其如一小

---

❶《判书》第77页。
❷《尼采全集》第6本第152页。

鸟，报知吾人，天将雨矣。其非权威，非传教者，非预言家，更非改革者；其责任不过如一警察之警惕世人。尼采则防人错认其人格，故自谓其一生不过欲警醒他人耳。

杞尔格嘉及尼采已不愿为预言家，亦不愿为人之先导，尤不准备为时代之领袖，但图打破恶环境，使他人觉醒，而登于贞洁之地境，此则为二哲共同之抱负。故杞尔格嘉最后勇敢攻击基督教会及教徒，尼采则折骨剥肉，毫无痛惜，攻击基督教本身。但于此吾人必须了解，二哲向系从消极中获得积极之意义，今则突然以行为攻击基督教，表现似甚积极，实则二哲之攻击基督教，非建设的，纯系消极的。

4. 尼采及杞尔格嘉之影响

欲知尼采及杞尔格嘉之于人类文化上之意义，则必须更知二哲之影响于现代思想界之情形。二哲之影响于现代，实超乎从前一切哲学家影响之上，且其二人影响于思想界所生之结果，非常复杂，为向来所未有者。今日之研究杞尔格嘉及尼采者不知凡几，但各有各之观点，所见于二哲者每不相同。

即就现代德国改正教之神学而论，无不直接间接受杞尔格嘉之影响。今日德国之神学不以教堂仪式为重，轻视教堂之信仰，盖系由于杞尔格嘉1855年题为"夜半一呼声"之小册子所致。其中有云："使你们知道，不应该再去参加现今教堂之礼拜……若此，你们则可减少一层大罪恶，不以上帝为大愚……"

不仅今日之神学而已，即今日世界哲学，尤其德国一般思想界多受杞尔格嘉之影响，使现代哲学之基本立场，还回于杞尔格嘉之"生存"，此其影响之最大者也。

往昔哲学重系统，自杞尔格嘉及尼采之后，不独系统之哲学解体，即一切空洞理论亦为人所共弃。此外，吾人常奉哲学为灵魂之粮草，杞尔格嘉则根本否认此点。其云："哲学只能引起吾人注意，警惕吾人，但永不能供吾人吸食。"

尼采对现代之意义，尤为重要，其影响于今日亦特别深广。今日之哲学思想及作家均多受尼采所影响者。作家中常采尼采之意见与其哲学著作中之语句等，以保证作家本人之主张。

因其二人之影响有如此之大，故今日吾人研究杞尔格嘉及尼采，除了解其学说外，尤宜知二哲之影响之情形，如：如何受其影响及受影响后所产生之结果，此后哲学之动静情形等是。生存哲学即本杞尔格嘉、尼采所启示于吾人者，予以理论上之探讨及发扬。

杞尔格嘉、尼采之哲学，已无一定之系统，无一成不变之思想，无特定之人生目的之假定，故凡研究二哲之哲学者不独每感研究上之困难，尤感二哲之哲学不能满足吾人之要求，不能充实吾人，甚或反使吾人切感内心无限空虚。

"特殊人"之尼采及杞尔格嘉，前无先例，后无继之者。现代之崇仰二哲者多模仿二哲之为人，然皆告失败，甚或成为人类社会上之笑柄。盖二哲系"特殊人"，为历史上只有一次可能出现之人物，且杞尔格嘉及尼采明告后人勿步其后尘，故吾人之模仿，二哲有知，岂不为之贻笑！

杞尔格嘉与尼采对吾人未指示某项目的，亦未予吾人以特定之任务；吾人亦无须二哲为吾后人而预谋。盖人各不同，我如此，则我亦将如此。你你也，我我也，其为人不同，则人生目的及任务当可有异。故吾人今日研究杞尔格嘉及尼采或生存哲学，非效法二哲，更非欲在生存哲学中取得人生之规范，不过仰瞻先哲，以资自警，披蒙致知，以启生之自明耳。凡研究二哲之哲学者，必须有严谨之态度，勿以二哲之学为绝对之真理，更不可视二哲之学为儿戏；以二哲之学唤醒自己则可，否则若不陷于二哲之深渊中，即轻看二哲之学。

史家常以人类文化为史之发展，故观过去而知现在未来，实则，从过去之历史，固常能了解现代，但未来人类究走何路？现无人敢予预断者也。人类历史绵延不绝，生灭无尽，动静不常，已无一劳永逸之事功，亦无一成不变之哲学。今日谓某种哲学为最完善之哲学，为绝对之真理，或谓某哲学为虚伪，皆废话也。若此，则凡研究哲学者宜有虚心，勿是人之所是，勿非人之所非。世无绝对之真理，更无永远不变而永可适用之哲学。吾人生于现代，自杞尔格嘉及尼采后之现代哲学已到一新时代、新阶段，而现代之人生问题，亦因二哲之后，别有新样态与新见地。本章不欲作全部历史之观察。不过追念前史，以示现代新哲学思潮之由来与其状态如何耳。

第三篇　把握之存在

古今一切哲学无不以搜求存在为任务，但终不能打破存在之难关。诚如亚里士多德所云："自古以来存在之问题为人所苦思困求，但终不知存在为何物。"此语与谢林（Schelling）所云者："存在之科学为古来正确之对哲学的解释。"因哲学常惟存在是求，故哲学上凡关于存在之思想范畴，皆经吾人所思索，有以存在为"物质"，有以之为"能"，有以之为"灵魂"，为"生命"，为"神"，种种类类，形形色色。但均不得谓为存在之全都[1]或存在本体也。

盖凡为事实者，不过为存在中之一部分。此因吾人之思想常制出一定之界限，每以目前所思者，即为一切事物中最重大之事件，故吾人每指某事某物为存在之全部或为存在之本体。

---

[1] "全都"，当为"全部"。——编者注

实则，凡经吾人所思及思而得知者，皆非存在本体，乃一部分之存在。

或人以为：吾人有如此长久之哲学智识，有如此众多之存在理论，必可温故知新，总前人之意见，去伪存真，于是必可知存在之全部。持此论者已不明事实之不许可，更不识哲学思想之本质。在事实上言，欲知存在，则必须正确了解存在之为问题。欲了解此问题，则宜先找求问题之解答，解答此问题又必须如索水求源，考前人如何处置存在问题及何如解答之。总前人之意见，去伪而存真，若是，则须尽通哲学群籍，贯穿古今哲学思想。此不独为吾人之能力所不及，亦逆乎哲学思想之性质。哲学思想常起伏矛盾，就此必失彼，其间难有综合之可能。退一步言，即万一能将古今哲学家之思想汇集，去伪存真，取一部分哲学思想以解说存在，存在亦不因此为吾人所验知。所以然者，哲学之思想界域所致也。

哲学思想常有一定界域，思想若无一定之界域，则吾人之思想必放荡不拘，结果陷于思想之纷乱。然若吾人有一定之思想界域而又永留于一定界域之内而不超越，则必自窒于斗室或固步自封，而只知一部分之存在，不知此界域以外其他界域中之存在。此思想界域者吾人名之为"把握"（Das Umgreifende）。把握非即存在本体，亦非有一定智识内容之智识范围，但吾人亦只能视之为一种智识范围（惟其中无一定之智识内容耳），由之吾人则能引出其他有一定智识内容之智识范围。易言之，把握实即思想之界域，以此界域而囊括大块也。若此义不明，则以实物喻之。把握即如播音机焉，由之吾人得知事物而引起吾人之智识范围。但兹所谓之智识范围，非把握之对象，亦非即存在也。

把握可类分如下：（1）以把握为"存在本体"（Das Sein selbst）；其以宇宙一切皆在存在本体中，因存在本体而有我，故以把握为"世界"（Welt），或为"超然"（Transzendenz）。（2）以把握为"吾人本身"（Das Wir selbst）；此则一反前者之立场，以为因吾人而后有一定之存在。故我为存在之条件或基础；有此条件之后，存在乃为吾人之存在，否则存在非存在也。故以把握为"现实"（Dasein），或为"一般意识"（Bewusstsein uberhaupt），或为"精神"（Geist）。兹数者相为矛盾，执此则失彼，不可并兼。关于此，愿于下仍分三步骤析论之。

第一步

康德以为：世界原非吾人认识之对象，因世界终不过理念而已。申言之，世界中凡为吾人所能认识者，非即世界也。若吾人以世界为存于其本身之整个体而认识之，则吾人必陷于不可克服之矛盾（Antinomie）中。

此外，康德又以为：世界一切事物系在吾人思想意识之下始能存立。因吾人有整个总合之世界意识，然后事物始表现为整个之统一体；换言之，一切为吾人所见之存在不过系存在本体之个别现象耳，依吾人之总涵一切之意识而有整个之存在。康德以其"先验推正"（Transzendentale Deduktion），不求存在于世界，而还原存在于吾人意识中，以存在之意识乃为存在，即从一般意识中启明世界存在事物。

于此可见把握分把握为"存在本体"及把握为"吾人本身"。把握之为存在本体所表现者为"世界"，把握之为"我"及吾人本身所表现者为"一般意识"，执"吾人本身"之把握则失"存在本体"之把握；执"一般意识"之把握则失"世界"之把握。

第二步

若以把握为"我"或为"吾人本身"，则我或吾人本身非仅为一般意识；除此而外，我或吾人本身尚有"现实"（如生命、灵魂等）。现实乃为意识之体，是吾人又必须还原于现实，与吾人之生活环境奋斗。虽然我或吾人本身为一般意识，而一般意识之体又为现实，故我或吾人又为现实，但我或吾人除为一般意识及现实外，仍确为"精神"，精神包罗万众，凡为意识所能及者，凡为现实之实体皆括入其中。诚如黑格尔所言，精神乃理念之全部。

一般意识、现实与精神三者各为界限，执其一则失其他。详参本书真理篇。

第三步

现实、一般意识、精神均为吾人本身。凡为实体事物而属于存在本身者是为世界。兹四者名之曰"世界内在"（Immanenz），除外仍有"超然"。吾人因可以存在本体即为世界，但世界之最后原因，最后之存在为何？此"神"或"超然"是也。若以存在为超然，则世界不过为超然之创造物，世界非存在也。故执超然则必世界，反之执世界亦失超然。

至此尚有问焉，究竟哲学思想即满足于世界内在，抑尚可超越至其他境界并能超越至何境界？事实上我为追求存在本身及我之为人之本，常超越世界内在：即由"世界"超越至"神"及由意识与精神中之"现实"超越至"生存"。生存即"自存"（Selbstsein）是也，自存云者即回于自我之特殊存在（与一般存在相对），以自我之特殊存在超然化，因超然而知我之存在为超然所赠与，因超然而建立我之自存。

于上将把握分三步骤而言，由之可知，吾人之搜求存在，因把握各有界限，执此则失彼，故吾人不能获得全部之存在。吾人由于把握所获得之存在，或为存在本身或为吾人本身，皆不过存在中之一部分，非即存在也，非完整之存在也。

总上所言，第一步骤中分把握为吾人本身及把握为存在本体。第二步骤中分把握为吾人本身者现实、一般意识及精神三种；第三步骤中分把握为存在本体者为世界及超然两种及由世界内在而超越至超然之情形。如上之分划法，非根据某特定之原理原则而来，实因有此把握而引出其他把握，因此而明彼也。

★ ★ ★

把握总汇一切存在于其中。如把握为精神，则以宇宙一切皆统属于精神，一切存在皆为精神而存在及在精神之中。可见把握能决定我之哲学思想——能为我展布出一个存在之广场，使一切入于此广场中。惟其如此，故把握能变更我之存在意识（Seinsbewusstsein）。若此，则存在学（Ontologie）实等于哲学之骈枝，于是存在之全部不能由存在学见之，只以把握已足以认识存在之全部，盖因由于把握吾人得知存在，犹知存在全部系不在某把握中而在各个把握间。若存在学以存在为事物或世界之秩序，康德则根本忽视一切存在学，以为只由把握（意识）吾人始得知存在。若存在学以宇宙一切皆在思想中，而哲学则以宇宙一切因把握而存亦因把握而失。若存在学以凡关于存在之理论及存在之思想应还原于一个最初之存在，哲学则宣告一切能以言语传递者皆在把握中，把握为一切之原因及本。若存在学之研究存在，为求一实体之答案，此即云：存在学在吾人内在思想中指出一种为吾人可直接感触之存在；哲学则于超然思想中间接指出存在。举喻言之，存在学如固定之范畴表，哲学则如织工之织带。

哲学之把握虽与存在学不同，但在哲学把握之步步启蒙中必然产生一部分类似存在学之名；但存在学之名的意义为固定的，把握启蒙中所生之类似存在学之名，则随哲学思想之运动而失其存在学名之意义。

★ ★ ★

把握一方面固能予我以存在事物之认识，因之我可继续进展，囊括凡为实体之事物，但另一方面又为我置定一个不可超越之界限，故我只得由一定界域中引出实际之智识。

把握之于吾人实际智识之意义，于下举例说明之。例若把握为现实或为精神，我则能以现实及精神化为客观之研究对象而认识之。化把握之为现实而为客观研究对象者为现实科学，化把握之为精神而为客观研究对象者为精神科学；但凡化为客观研究对象之把握，则失其为把握之知，而为现象之知。把握之知属哲学，现象之知属科学。

把握之为精神化为客观之研究对象时，则失其为理念之全部而为科学所研究之灵魂矣。哲学知精神为理念之全部，科学则知精神为灵魂，从而分析之认明之。盖哲学由把握而来，科学则由来于客观实体。

故科学之知为现象之知；科学能认识现象，但不能认识实在。吾人有人类学，但一切人类学均无能认识人类实在的，活生生的现实者。吾人本身之现实乃人类学所不能真正认识者。人类学虽能认识吾人现实中之生理状态，然不能认识吾人现实中之意识及精神。

吾人亦有艺术科学，但一切艺术科学无能认识艺术之实在者，此即云：艺术科学不能体验艺术中之真理。艺术上所谓"表现"，系根据于人生观感者，实不过艺术实在性之表象而已，非即艺术之实在本身。

吾人仍有宗教科学，但一切宗教科学无能握得实在之宗教者，此即云：宗教科学不能求得真正之信仰。宗教科学固能认识或了解宗教，但实在之信仰乃不可认识者也。

虽然把握能致我于知，而认识凡可认识之事物，但此"知"非实在之知。盖为吾人所知之存在非即存在也；即我所知于我者，亦非即我也。一切为吾人所知者皆不过系已存在者，不过系存在全部中之一部分耳。故我若欲知实在则必须破除一定之认识界限，时时增强自己，时时准备破坏及创造。

★　★　★

把握已可决定我之哲学思想及我之存在意识，则把握可能之超越亦可决定我之哲学思想及我之存在意识甚及我之自由。把握之超越中其决定性最大而于我又最有意义者，是由全部"世界内在"至"超然"之超越。若我不作此超越，则永留于世界内在中，从之我之认识亦只止于存在之象。若作超越，则我能由暂时可经验之现象而至永远实在之存在。此即为由于吾人之现实、意识、精神跃入于我之可能生存之超越，亦即为由我可认识之世界而至存在本体之超越。

因此种超越能使我从世界内在解放，故此超越能决定我之自由，使我自由。自由实因超然而常与超然与共；在现实及精神中亦有自由，但其自由系相对的，非因超然而与超然与共之自由。吾人亦有思想之自由，但此种自由至绝对化时，结果又生思想自由之否定。真正积极之自由盖产生于因由世界内在至超然之超越所达之生存中。只有此生存之自由，乃产生于我之本，产生于我之生存，故为我之自由；其他非产生我之本或我之生存之自由，非我之自由也，其与我无实在之意义。

因生存自由已因由世界内在而至超然之超越而得，故我若又由超然缩回于世界内在，则生存自由必因此而失。世界内在为现实，为意识，为世界，为精神；在现实我则为现实之需求所要挟，在意识我则为一般意识之必然性所拘束；在世界则我为世界事物所限；在精神则我为精神之空壳所包围。故在世界内在之中，我实无自由。自由不因世界内在而生，亦不在世界中，实只因超然而生而复在超然中。

★ ★ ★

把握及把握之超越均可决定我之哲学思想及我之存在意识。把握之超越中以由世界内在而至超然之超越除能决定我之哲学思想及存在意识外，尤可决定我之自由。关于此，上已俱论。把握及把握之超越仍可决定我之存在认识之意志及我之真理。盖各个把握不同，各个把握之存在认识之意志及因而产生之真理样态亦各殊。由于把握可以察知我究竟是否满足于一定之把握，止于一定之把握中或超越把握而接受智慧之光。由于把握亦可得知我是否长留于世界内在，以世界内在为一切存在之原因，抑越世界内在而至超然。由于把握仍可察知我究竟是否以历史现象上之把握（史上之把握）为自己之存在。

各个把握间无唯一总合之真理。每一把握均有其已属之真理。故观其把握即可以决定其把握之真理样态。关于此，待论真理篇中详述。

★ ★ ★

当吾人论把握之余，吾人则因而明人之本质及人之可能性如何。世人每将人类化为理想，而在人之理想中求人之本质及人之可能性。但不论何种人之理想,皆求其理想能适合一般,求其普遍。此等求之适于一般或普遍之人之理想,惟能表现人类在历史上之生存概况,非即人之本质之认识也。吾人亦常以人生必能登于完善之境,但此种思想终必失败。人者,实永不能达于完善之境。固然吾人每为人生理想所引领,以之为人生大海之指针而期达于某一定之目的,至是则以为人生有归宿矣。实则人生无时不在动静之间,永不停留于一定之所在,往往达此目的之后,则知此目的之外仍有其他目的。

理想如总一切所认识者溶化而成者也。然吾人之思想及认识常为把握所限或因把握而展明。由某一把握而后能囊括一切认识,从而产生某项明确之理想。故理想生于把握。然则把握能决定我之存在意识。我生活于此把握中,则我之存在意识如此,从之我之人之理想亦如此。某也生活于与我不同之把握,故其人之人之理想与我迥异。把握不同则因之而生之人之理想亦各殊,故凡人之理想已皆不可普遍化,而人之本质亦不在一定已成之理想中。质言之,人之本质实在人生永远不息之求存在之任务中,知存在而后乃知我系本于何处,然后还我于我之本。

若人类学以人为世上有生之灵,则足见人类学直以人之本质系置于人之现实关系中或在现实中。但由于把握吾人则知人之本质不仅置于现实中,而亦在意识中及在精神中。人者为现实、为意识及为精神,三者中失其一,则人生必痛苦或将失其为人。

由于把握吾人则知由个别把握而来之存在，只为部分之存在。若吾人不欲为某一把握所蔽，则必须冲破把握，冲破把握之后，则吾人有两种可能性：（1）或使我陷于广漠无垠中，茫然不知所以，致人生无所根据，结果一切于我等于空虚；即万一能避免空虚，至多只能执一特殊之存在。（2）或因冲破把握而使我知此把握之外仍有其他把握，知由于各种把握而来之丰富存在，前者使我感失一切，后者则使我知存在之丰富。二者已不得迫我此刻必须附从，我亦不能此时此刻即强取其一。在二者之前，我只能时时准备，时时自省。

　　然若我感失一切，在我一切等于空虚，我中已无爱，而一切亦不为我所爱，则我不知我所以生存，结果我只余现实，如为随时可得利用之物质或方法。唯人非为方法而常有最终之目的，故哲学必欲避免空虚之要挟，而示存在之本。

第四篇　真　理

真理——此名词之于吾人诚有无限之魔力,闻真理之名则必欲求真理之实,求真理之所在。若真理一破坏,则一切似皆随之而消灭。

真理能使吾人痛苦,能使吾人怀疑,但真理亦能使吾人满足,以为终必有真理。真理能使吾人增加勇胆,若我在任何情形之下能求得真理,则在我必发生一种力量,固执一定之真理而永不愿抛弃之。

吾人常以为:世上必有真理,真理为自然而然者。吾人常闻人论真理,亦常自论真理,视真理为当然,绝不发生问题者也。

吾人之求真理,常欲知目前或走捷径能速达之真理,恨漂渺不定须长思漫想始能达到之真理。故吾人每愿指目前所得之真理为绝对永远之真理,而结果只知此真理而埋没其他真理。

究其实，吾人永不能有绝对永远不易之唯一真理，故真理之于吾人常为问题。真理所以常为问题，即因真理与我息息相关，为我之于信仰根基，一切皆在其中，有之则有一切，失之则一切皆失。真理有如此之严重性，故吾常怀疑某一定之真理，结果则可发生"真"与"伪"之对立。我以我之真理为真，故视你之真理为伪，而你亦视我之真理为伪，因你以自己之真理为真，彼此一正一反，互相斗争，则诡辩丛生。是故吾人不能有绝对唯一之真理。哲学史上真伪交错，你是者我非之，此真理之后又有他真理。人之思想根源不同，因之各有各之真理。故凡信仰人类有共同标准之真理者，皆迷信也。

吾人虽实际上无人人共同之唯一真理，但又常信此或信彼为唯一不易之真理者皆哲学家、宗教家等之过也。彼辈常以一己之所见即指为唯一不易之真理，故欲巩固之，使为一般人所崇奉。但根据历史之教训，凡将某项真理绝对化者，终当失败。历史上之真理常与伪理相对。惟真伪两相对立，故开史以来吾人无不移之唯一真理。

因吾人常怀疑真理，结果产生真伪之誓不两立。现代科学欲厘定一固着之真理，以一定之观点及一定之逻辑法则，示吾人明确必然之真理，使人人不得否认而迫得信以为真。固然科学所示于吾人之真理，为理智所能及亦为理智所不能非议，但此真理只为"一般意识"中之真理，为一般意识所认为"必然性"（Richtigkeit），非真理本身，非唯一之真理。

现代以科学求真理最积极者为数理逻辑。数理逻辑学者以逻辑分析及假设求真理，更以数学之形式而传授其真理。然则真理系因其内容而决定。真理之内容或在经验界，此为逻辑所可感知者、测验者。于此逻辑固可取用之分析之，或产生于各种不同之把握，不同之思想根源，于此则逻辑无可取用之。是可见科学之真理，即逻辑所能知之真理，不过系由于"一般意识"场所中所产生之必然性，为一般意识所能感验之真理。然一般意识之真理又必有伪理相对，盖把握中除一般意识外，仍有其他把握。此把握之真理，他把握可非之，故一般意识之真理非即真理也，真理实在各个把握中而产生于各个把握。

因真理系产生于各个把握，故凡为实在之真理，始于一般意识之必然性停止之后。一般意识之体为现实，若吾人无现实，则何有意识，更何有一般意识，何况现实之外，吾人仍有精神，仍有其他各种把握。此所以实在之真理始于一般意识停止之后，而在各个把握中（即在一切把握间）。

即因真理不单纯在此把握，亦不在彼把握，而应在一切把握间，故若吾人以一单纯把握，如以一般意识之真理为绝对之真理，则结果必引起其他把握之真理之反抗，促成真理与真理间之斗争，或以狡巧相见，或以权力相攻击，各走极端，真伪不相谋合，故科学所见之真理非真理也。

真理非空想，常与存在结合，若与存在结合之真理，其真理始有定着性，否则其真理必易为人所攻破。吾人之搜求存在，不能不基于一定之把握。因各把握之存在意识不同，故各把握之真理亦当有异。把握之为吾人本身无论其为现实，或为一般意识，或为精神或为生存，皆各有其已属之真理。兹分论真理之多复性，除一般意识之真理已于上俱论外，于下分论：

（1）现实之真理；

（2）精神之真理；

（3）生存之真理。

凡为现实之智与欲所建立之真理，与一般意识之真理完全不同。现实之真理，已无一般适用性，亦无科学上之必然性。盖现实无论在理智上及意欲上，均为保持现实及扩展现实。故凡为现实（生命）所需求及于现实有利者，皆可为现实之真理。否则，若为害现实者，限制现实及呆滞现实者，皆为现实视为伪理。故现实之真理为实用的。

现实为求幸福，故其要求满足。凡能满足现实者，皆可为现实之真理。现实之灵魂常欲寻求适于现实可即亦可享之内容。故其求意识与非意识之符合性。凡非意识与意识相符合者，皆得为现实之真理。

总而言之：现实之求真理乃为一定之目的，随其目的而追求真理。现实之目的不出三种：一为保持现实及扩展现实，二为永远满足现实之需求，三为使非意识与意识互相符合。观其目的，则可知现实之真理观念为实用主义之真理观念。凡能直接为吾人所感验之物体，凡为方法、凡适于现实目的者皆为真理，初不顾人之最后目的也。此外，现实之真理无必然性，反之，凡适应此时此地之现实状态者，莫不真焉。若时代改变，其他各种情形亦变，则现实必随之而变。此现实之真理所以无必然性、无定然性也，故现实之真理为相对的。

精神之真理与现实之真理同为非适于一般理智明朗性之真理。精神之真理为整个体，纳一切而为一理念之全部。此理念之全部自非一种实体吾人可得而直接认识者，吾人之求此理念全部只能从精神所统御下之属体始，由现实及一般意识，然后始能入于精神之真理。

把握之为吾人本身为现实为意识亦为精神。我为现实，为意识，亦属精神而在理念之全部中。然则吾人若为现实，则或要求现实者或为现之要挟者，吾人若为一般意识，则为必然之理智者。吾人若为精神，则为全权全能者，是可见吾人系陷于纷乱中而无一定之真理，因之亦可知吾人实不能握得真理。事实上之探求真理只能以吾人本身为探求真理之标准，而后知各种意义不同之真理界限。换言之，由各个把握之源而来之真理之纯净性系产生于生存之真理。

生存虽似与一般意识、现实及精神等相对而立，但生存不能离一般意识、现实及精神而独立。生存不能为吾人所认识，但同时亦即是已知者。盖我由世界内在而越至超然中，世界内在为吾人可得而认识者——已知者，但超然则为吾人永不能理解。是我一方面为已知者，一方面又为未知者。故我常在已知与未知之间。凡为我者固有定然性亦永为问题，凡为我者，我永不能全知之。若我以我为如此如此之人，此如此如此之我非即我也，因我所知于我者，只为我之已然状态，实非我之未然。故生存为吾人永不能完全认识，因之生存之真理亦非吾人所能完全了解。申言之，生存之真理为单纯而无限制之信仰，其无一定形像，已不可观，自亦无实体，只能深感之。

根据上述已足见真理之多复性，兹使读者明了起见，拟将上述各真理详为此较，以观各个真理系出自各个别之把握。

（1）现实之真理为保持现实及扩展现实之方法，故其真理必须经常保持实用。

一般意识之真理为必然性（Zwingende Gewissheit），为吾人之理智不可否认者，故其真理非为方法而常维持为必然之明确性。

精神之真理为一种表彰（Neberzeugung），故其常保持一切现实及已知者而构成理念之全部，即以理念全部为真理。

生存之真理为信仰，自验其真理于信仰中。故到我无现实作用，无实用之真理，无理智可证明之必然性，无隐埋着之理念全部时，至是我始近于生存之真理，至是我始能冲破一切世界内在而越至超然，由超然之经验中，仍回于世界，超乎世界，外于世界，但又在世界中，不失超然亦不失世界内在，因此乃能知我之本，源于何处，我之生存何所置，尤可知我为我也，为他所不能代替者。故生存之真理常保存于我之实在意识中，为我之实在意识。

（2）各个把握依其界域而囊括一切，有其意想之本，故由其本而来之真理亦各不同。因各个把握之真理意义不同，故各个真理之传授方式亦相悬殊。

现实言一定之目的，言一切为现实所需求者。故现实之同情与反感全以此条件为标准。人类现实团体亦只因此兴趣利益始能成立及维持。

故现实真理之传授或为斗争或为与利益兴趣相一致之言表。即因现实真理之传授为兴利而斗争,故在斗争中不惜施用狡巧以对付敌方。然若兴利相一致时亦能引敌为友,视一切为方法。现实之真理欲劝说,欲煽动,更欲强己弱人。总之凡现实所传授者莫不与现实有作用,而裨益于现实。

一般意识所欲言者为人人可得以代替之思想。此种为一般得以认识为必然之思想,已非现实之思想亦非我之自存。故一般意识所传授之真理为一般可适用者,以必然之理由证明之,以必然之形式范围之。

精神则言具体而在内固封之全部存在,言者及听者皆为精神之属体。故其所传授之真理为理念之全部,拢络一切,集散成群,群统于一之精神。

生存言在此之人。在此之人云者即为在此之生存,在此之我,此"我"为他我所不能代替者。生存真理之传授,系在斗争中,但其斗争系一种爱的斗争,非为权力亦非为利益而为去暗就明。在此斗争中捐弃一切斗争之工具,因其斗争而能显示各个把握之界域。

(3) 把握之为吾人本身之各个把握有其不同之真理及各有其真理之传授方式。然各个把握之真理亦各有其伪理相对立。盖各个把握之真理均有伪理对立,故各个把握皆有不满足之处,即因各个把握均有不满足之处,故各个把握必更求其他较深刻之真理。

现实要求满足之人生，故至人生一切皆满足时，现实必欣然欢呼，然至丧失现实时，则必痛苦。是现实中有满足有痛苦，两者相对而生。故吾人不满于现实，不满于单调之现实及现实中之破灭性。现实为求幸福，然则吾人已不能想象幸福，幸福亦不随我所愿而到眼前。世无永远固定之幸福，亦无能完全满足吾人之幸福。故现实常因此而受威挟。

一般意识占取必然性，但排斥必然性以外之偶然性。有必然性则有偶然性，偶然性者为必然性之伪，必然性必视偶然性为空洞、为无根据者。

精神满足全部，喜完成，但其痛苦为不完成。不完成与完成之全然调合一致，是为精神之两面。完成之理念全部为精神之真理，理念全部之破坏为精神之伪。

生存中有信仰及怀疑。信仰为生存之真理，但生存之伪为怀疑。因生存中有真伪对立，故使我常要求一归宿处。怀疑不能求得归宿处，信仰则能及之。

于上已将各个真理之意义，各个真理之传授及各个真伪对立之情形比较说明。真理已若此分歧且又有伪理相对立，然则真理何处？吾人无所适从。虽然真理有如此复杂者，但各个真理间并非全无彼此相互之关系。实则各个真理无时不彼此干涉，无时不彼此斗争而发生问题。盖凡为真理莫不有伪理相对立，故真理必须去伪存真。因真理必须去除伪理以图独占，则真理间自当彼此干涉或发生斗争。故真理之本质为斗争的。关于真理之彼此斗争，于此仅拟举例证明之：现实之真理为适应现实之要求，为实用的，但一般意识之真理系建立于经验智识之一般性上，为一般之必然性，初不顾实用或利益。故一般意识之真理，常足以威挟现实之利益。于此一般意识之真理则为现实真理之伪，现实必欲蒙蔽之，迫之、逐之、灭之，然现实真理亦必为一般意识真理之伪，其亦必欲拒除之。此真理斗争中之显例也。

即因真理彼此不相容，彼此斗争，故吾人能深验各个真理之特殊意义，尤能因而探验伪理之来由。真理已互相斗争，若吾人避免一切真理之矛盾而欲在某一把握中找求真理，以某一把握之真理为唯一之真理，则吾人永不得真理。真理已不在此把握中亦不在彼把握中，乃在一切把握中。凡欲求真理者必须冲破各个把握，然后始可以言真理，虽然吾人因各真理之彼此斗争而知真理系在一切把握之间，但事实上吾人之求真理，常为一种把握所限制，亦常以一种把握之真理为唯一之真理。易言之，吾人每将一种把握之真理绝对化：或以现实之要求为绝对最后之真理，最后之存在；或谓一般意识之必然性为世上唯一不可移之真理，视必然性为暗中之光，为最后之实在；或以精神之理念为绝对实在，以理念为一切；或以生存之信仰排除其他一切，自足自存。诸如此类之将真理绝对化，皆必失败，皆系执一得而蔽其他。哲学之真理不止一个，何况真理与真理间彼此相克相明，彼此援引：如一般意识之体为现实，精神之由现实及一般意识引来。各个把握已互相援引，从之为各个把握所决定之各个真理亦不能各自独立。此又可见真理不在各个真理本身，而在一切把握之间。

实际上吾人常生活于各个把握之上，如吾人之为现实亦为意识及精神是也。因此，故吾人探求真理常在一切把握中，而各个意义之真理亦常彼此俱来。虽然各个意义之真理每彼此俱来而又各相干涉，但吾人屡不满于一种真理而欲在一切真理之上求其间之唯一总合之真理。欲求此唯一总合之真理，则必须统摄各个把握而为整个的。然据前篇所述：把握实不能总一，因各把握互相矛盾，执此则失彼，故欲求其中总合唯一之真理，为事实上所不允许。总一之真理已求之不得，则吾人常为理智所误而陷于一定界域（把握）之意识中，以在此所得之真理即为实在。然此时谓之为真理者，常因新时代、新条件、新经验、新事实所攻破，因之吾人之意识亦必须改变。诚如黑格尔所言——真理常与实在结合而反对意识。

从上吾人可得一结论：唯一之真理，若其非形式上之唯一真理，且有唯一之真理内容，则其必在一切把握间，从之吾人亦只能于一切把握间始能求得唯一之真理。

但把握之为事，执此则失彼。因之吾人不能总合全盘把握，随之亦不能求得一切把握中之唯一真理。唯一之真理已不可得，然吾人又必欲得之，则结果必使吾人所得之唯一真理，不过形式上之唯一真理耳，并因而使吾人知各个真理之界限。须知真理非仅为形式，必有实在之内容，然后始能为吾人之真理。然此真理内容不能由历史而来，只能来自吾人之时代条件中。因在此时代条件中而来之真理内容，其与吾人始有实在之意义，否则，历史之真理之于吾人，虽有而实等于无。

真理之意义若此复杂，欲总合之而求其唯一之真理又不可能，于此可见吾人果欲求各把握中之唯一真理，不能走总合之路，只能毫无顾忌冲破一定之把握，冲破一定之智识建筑，不择一固执，广观远瞻，如是，或能接近真理。

★ ★ ★

于上将真理本身之问题论明，兹说历史上之真理——"特殊"（Ausnahme）与"权威"（Autoritaet）是也。斯二者均为历史上之现象，后者使吾人必须适应一定之理智，前者则从一定必然之智理中解放自由。"特殊"以其自己之实在而消灭适于一般之已存真理，"权威"则以其自己之实在隐蔽各个特殊之真理而绝对化一种真理，箝制其他一切真理。

前篇已论各个把握，本篇亦曾论述各个把握之真理及其斗争，因把握不同而真理亦各有界限，故吾人不能知全盘把握中之唯一真理。即因吾人无一般共同之唯一真理，故特殊之真理有其可能。吾人中有特殊之真理，因而则知权威非永远绝对者，实不过历史现象耳。然历史上常有权威，故特殊亦不过历史上之特殊插曲。为行文方便起见，先论特殊，次及权威。

人之为特殊人者，初必反一般性之现实，如反习俗，反一般秩序，反法律，摧残身体康健，反一切标准；继则反一般意识，反一切适于一般之必然思想，终则反精神，不以我一己属于精神之全部中。总之，特殊必实际上与一切一般性相对立，必冲破一切一般性。

特殊人欲在一般性之外验取特殊之存在，但结果每在一般与特殊之间左右为难。

特殊人欲得"一般"，但其所得者常非一般。特殊人实本不欲特殊，常忝屈于一般之下。故特殊人每试将其所骤取之特殊存在普遍一般化，但其将特殊一般化全系出于勇试而结果又必失败。特殊人之所以知其为特殊人，因有普遍一般对立。特殊若无普遍一般对立，焉知其为特殊。因特殊不能与一般分离，故若特殊人常由其特殊存在而出去认知一般，终当失败；但失败之后逾兴奋逾积极，其所认识者亦逾清晰透明。若因此特殊人而能达于其特殊存在时，则其所求得之特殊存在，诚不可传授他人。盖特殊人之特殊真理，常因一般中无传授其特殊真理之形式（如语言），结果只能密照不宣。

虽然特殊人常为一般所屈就，但正因此特殊人知其持殊[1]之责任，从而实化其特殊存在，反普遍之一般性。故特殊人能完全舍弃世界而崇祀超然，亦能完全消极，不婚，不务职业，无一定之人生观及思想之根据。故特殊人之真理亦前无先例，亦不因其特别存在而确实指示吾人以人生之出路，但吾人则因其特殊而明一般之真面目。

若特殊人使其特殊存在，特殊真理能传授于人，则其每必回于一般，必在其回于普遍一般之后，始能传授其特殊存在，特殊真理，而其所传授者始为吾人所能接受。特殊人因必须回

---

[1] "持殊"，当为"特殊"。——编者注

于普遍一般于始能传授其真理，是普遍一般为传授特殊真理者之条件，而赖普遍一般所传授之特殊真理，乃间接之特殊真理，直接之特殊真理实不能传之于任何人也。

于上将特殊人之生活情形及特殊与一般关系说明。然究意何为特殊，可否以一定之概念而决定此人为特殊人或非特殊人？实则"特殊"此语非有必然意义之概念，不能以此概念而决定某人特殊与否，此语不过系一个可能之观念，谓其人为能冲破一定之思想界域，贯通各个把握而能探得一个真存之本者。特殊如一切把握中之一个把握，但此把握非绝对之把握，只为历史之实体，其能警惕吾人，使吾人不定于一，不以此而蒙蔽其他，同时又可促吾人回于我之本。特殊之把握非吾人一般之把握，吾人已不能视之如无物，亦不能以之为吾人人生思想之出发点。

特殊之真理若与吾人之概然真理（因各把握之真理与伪理共与，故曰概然真理）相冲突时，吾人则知有特殊真理，乃见特殊之真理，但若吾人与特殊真理共与，欲了解特殊真理时，则特殊真理之于吾人，隐约不可见。故凡特殊之已客观化者，皆必模棱两可。

特殊之观念已明，兹欲问：谁为特殊人，谁非特殊人？关于此问题可根据于上所述而解答之。特殊人云者不仅为历史上所罕有之人物，如苏格拉底，即每个可能的生存，均可为特殊，盖生存真理之特性，系冲破一切把握，随时亦为特殊。换言之，生存之真理为信仰，信仰由我而生，然亦常在我之中，故我之信仰为一般中之特殊。

依上所云：特殊不能与一般分离，特殊之真理系因冲破一切一般把握而来，可见真正之特殊人非随意之特殊人，真正之特殊人必与各个把握之真理缘合。若以其人与他人不同，故其为特殊，则吾人皆为特殊。然以其人为史上实化之特殊，则吾人皆非特殊人。因特殊人必须与一切一般的把握缘合，则一切一般的把握之真理，皆可为特殊之借镜，特殊之真理可因之而启示。特殊人常为普遍一般所屈，且常牺牲普遍一般，而实现其特殊。

★　★　★

继论权威：若特殊怀疑一切，以一切均尚属问题，恍惧一切，但又以一切可为思想之对象，则权威反充实自我，为我中之实，为深隐着者，为固定者。

权威为真理之统一，以"一"而联系一切把握，其表现于历史为一般性的整个体的。确切言之：权威为合现实力、必然性、理念与生存之本的史之统一，而超然化者。

权威为真理之表象，其表象中之真理不仅为一般所已知者，亦不仅为由外而来之命令或外来之要求，更不仅为全部之理念，实则权威兼有上述一切。因权威兼有外来之命令或要求，故吾人常视权威为外来之要求或压迫。虽然权威不免有如外来之要求或压迫，但其非为纯由外来之要求，实多系发于吾人之内心。权威止于超然中，揽一切为所属，即以权威命令人者及接受权威之命令者，皆属权威，生于权威中。

权威不能永远独存，亦不能为一切人所信从。若权威不表于外，不与现实力相合，则权威必破灭。一切权威皆不能永远存立，皆不外历史之现象耳。此权威生，则可使彼权威灭。权威因为历史之现象，故权威之真理隐约不能透明，其真理之内容亦不能凭一种合理之科学制就一定之标准。然虽不能以一种合理之科学制定权威之真理标准，但因权威之真理吾人则能握住一切理智所可及之事理，即凡理智所可及之事理亦不因权威而致破灭。

权威之绝对无限制性，绝对唯一独尊乃为由于权威而生存之人的真理之史的统一。凡由于权威而生存之人，始于权威，而亦以历史上已实现之权威化为现在之权威，或以图像表现之，或以象征喻示之，或表现之于任何宇宙秩序及法则中，又或表现之于思想系统中，其表现之情形虽不一，但凡表现历史上已存权威之人，莫不求权威之表现与我相调合，使与我之信仰相符。

因权威为历史现象，有时代性，故权威无永远之固定性，其无时不在矛盾中及无时不因矛盾而在运动中。

权威之所以在矛盾中，其因有二：（1）为权威与权威间之斗争。若此权威欲固定化、标准化，至达于其目的时，则一切其他之真理皆必为之所拒除，但正因则能引起其他权威之起而反抗，冲破一切，欲造成新的巩固之权威。新权威致胜时，则为旧权威衰灭之日，于是旧秩序随旧权威之崩溃而崩溃，新秩序则随新权威之竖立而来。故破坏旧权威之特殊人，则为产生新权威之本。

（2）为个人中权威与自由之矛盾。个人无不欲在其人生思想之本中求其一己之真理，故由外而来之权威常与个人自由互相矛盾。关于个人解放权威求自由之情形，拟于下释明之。

凡为吾人所信仰之权威，其与吾人有莫大之教育意义。盖个人始于有限，而终与传统之权威的内容相结合。至权威与吾人相合时，权威即能为吾人显示一存在之广场，在此广场中吾人处处能见存在。若吾人不与权威结合而无所谓权威，则吾人固可得有智识，固亦可为自己思想行为之主人，但吾人则将永留于智识之空壳中，一切均流于空洞，等于虚无，无人生之实在性。

个人至思想成熟时，则能自思自验其人之本。能自思自验其人之本时，权威之内容始与之有实在之意义，至是权威始为其人之权威（已非一般性之权威）；反之，若权威仍未为其个人之权威时，则权威与其人如突然而来不可识解之谜。但至个人自思自验其人之本时，能自存之时，个人亦即能自由解放，以其自由破除权威。故个人已能于权威中求得其一己之真理，亦能以其个人之真理而反权威（只限于特定之现象）。换言之，个人能因权威回于自我，回于我之存在，而终又与权威脱离。

凡思想成熟之人，其完全立于自我之上，常自省自察，不忘此亦不忘彼，知其生之深源，广观还瞻，言行有准，忠于其自我之权威，敬畏其自我之权威，以其自我之权威为人生之条件。若此之成熟之人，必以其真理而反外来之权威。故自由之于其人为必需者，权威之于其人为在其人之内心之超然，如发于其人之自存的信仰。

但在事实上言，如此完全立于自我之上，绝对自由之人，终不能完全如其所愿。盖无论何人至某时某地常能放弃其绝对自由，常失其自由入于权威而不自觉。盖绝对自由之人屡信其真理为绝对，屡将其真理绝对化，使我产生一种积极力以反抗权威，以保其本身之真理。质言之，以权威而反权威是也。由此可见权威一方面能予吾人一种坚不可破之力量，一方面亦因反抗权威而使吾人有一定之形式及内容。世有权威，凡能自救及凡欲自救者，权威之助也。

康德云：人为"不团结之团结者"。个人每欲达于自由，自由亦为人生必须追求者也。然一团体中若人人均欲获其真正之自由，则团体必不能维持，个人必为现实欲所支配而致团体散漫，秩序荡然。故事实上团体每将真理权威化，以一种权威化之真理为一切真理之真理，或在权威失落之后，旧秩序亦随之纷乱之后，再造新权威以维持团体之新秩序。

于上将权威之为何物及其所以不能永远存在之两种原因论述，由上则知权威为一切真理之统一，为历史上所表现之谜。以一权力之真理为一切真理之真理，此真正权威之本质也。但吾人如何始能认识权威？吾人能真正认识权威时，只在我躬自生活于权威中条件之下。若我生于权威之内，始知权威于我之意义，因之始能知权威之内容。若吾人立于权威之外而认识权威，永不可得也。因权威非与吾人相对之客体，不可为吾人认识之对象。故认识权威之内容必须自己生活于权威之内，外于权威而欲知权威，所以不可能也。固然吾人能从历史上认识权威，但如此所认识之权威，不过历史上之现象耳，非权威之内容也。

权威已不能由外而内认识之，吾人亦不能将各种权威比较或试用，犹不能择权威中之善者、真者而固执之。盖若我对某权威作如此如彼之看法时，此时实已选择之矣。此外吾人亦不能以哲学之观点，依一定之目的而探取真权威之源，因权威之发生已不可理解，亦不可预测，其与特殊同为历史上突然而来之现象。

哲学虽不能探知权威之源，但哲学能理解权威堕落之因由：真正之权威为一切真理之统一，此即云：权威为一切真理之本，其中有现实之真理，有必然性，有精神之真理，若使其中各个真理独立，或以其中一个真理而冒充权威，则必失其为真权威。此其一。若以权威为现实权力斗争之方法，则权威必失其为一切真理之本。此其二。若权威仅为个人生活之形式而无内心之力；又若权威不能促人勇敢牺牲时，则此权威亦失其为真权威。此其三。若吾人放弃我之自存之自由时，而为权威所迷，不经思索即投诚权威时，权威亦失其为权威。此其四。兹数者，皆权威没落之因由也。

★ ★ ★

特殊与权威同为突然其来之历史现象。凡为纯理智所忽视者与理智相反者及为理智所不及者，特殊与权威则表现之。历史上有特殊及权威，故又可知人类中实无唯一之真理；凡为人类中之真理皆系有时代性的，为历史的，因之，真理无时不在飘摇中。

凡为权威所由出之真理及特殊人所指出之真理，均必能引人入胜，为最有威力之真理；人类中若无权威与特殊之真理，人类必思而得之。惟凡为理智之必然性真理所支配之时空，其时其地之一切把握之真理则为之所蒙蔽，即权威与特殊之真理亦因之而消失。然若失权威与特殊之真理，我必不知我之生存，盖我于权威及特殊之真理中，我始知我乃实存者也。

特殊与权威之真理，其真理之本不在某独一把握之上，实系冲破各个把握，而在一切把握中，而为一切把握之统一。在权威与特殊之真理中各个把握之真理间之斗争问题暂时可得解决。但此之谓解决，非以一种把握之真理优胜一切其他把握之真理，亦非以一种真理而压迫其他真理之解决也。其解决实系产生于超然，而又在一切把握中。兹所谓在一切把握中者，即因此特殊及权威之真理系在各个把握中，而为其上之统一之真理，但此统一之真理非出自各把握，系由来于超然，故不能视为各个把握之总合或调和也。

特殊与权威虽不相为谋，两者甚至极端矛盾，但两者根本同为真理之指针。于下列论特殊与权威之共同点：

（1）两者同建立于"超然"中。凡特殊与权威之真理皆必表现于超然中，若不与超然发生相依为命之关系，则其已非生存之特殊，亦那真权威也。

（2）两者俱不能至完成之境，两者常在运动中，时时努力奋斗，无时止息。

（3）两者同为历史之现象，同为不可代替体，即如我我也，非他所可代替者。因两者同为不可代替体，故其真象已不可模仿，亦不得重演。

（4）特殊与权威之真理，均非实体之认识对象，若其为实体认识之对象，为吾人所可触摸感知者，则其已失为特殊与权威之真理矣。盖若吾人视之为实体认识之对象，则吾人必以合理之演绎原则认识，若此，特殊与权威之真理必为吾人所缩减，而失其本色，夺其真实。故特殊与权威之真理永不能为我有目的计划及行为之对象，否则必失其为特殊及权威之真理。

"特殊"与"权威"两名词虽似为简明之现象，但此两名词之意义系针对某一"超然"而发，谓某一超然中有真理之本，纳各个把握之真理而表现为唯一之真理也。此真理之主已非文艺，亦非哲学，凡为文艺所表现者，非最后或最深刻之真理，即凡为哲学所已思索者，亦非即真存在也。惟由于哲学上所已思索者，吾人能得知其他哲学思想耳。

★　　★　　★

不论吾人信赖科学之具体真理，以真理为以纯理智即可认识者，或吾人以真理来自各个哲学之把握，因而生活于把握中，信任把握之真理，抑或吾人求真理于特殊权威中，此皆回于实在之步骤也。

世有特殊与权威，哲学则因特殊而动摇，但因权威哲学而能暂时休止，故哲学常在动静之间，随之哲学故不能达于最后之存在，最后之真理及一切最后澈底者。

若我完全昧于权威，投诚权威，生于权威，则必使我与哲学思想之实在性隔膜，盖生于权威一事也，思索权威及由思想达于权威又一事也，两者完全不同。若我生于权威，则我之真理不过为单纯之一点，我之真理系在单简状态中；然若我思索权威，则权威如万象之杂陈，莫测其高深。权威之于史上之实在性固可强以合理之思想状述之，但吾人之合理分析则不足以分析权威。凡成熟之哲学思想常与权威结不解之缘。换言之，成熟之哲学思想常及于权威。

此种成熟之哲学思想虽常与权威结合，但其永不能引吾人信仰权威。盖我之所以信权威，因知权威系在各个把握中。然究竟我应否相信权威，我永不能知其原因。故本篇之论权威非为历史上某特定之具体权威建立理由也。

哲学思想并不因特殊与权威而止息，而权威与特殊亦不能禁止哲学思想。吾人自无须建立权威，即吾人所建立之权威亦非真权威。哲学思想不独能涤除不真之权威，似尤能知本而明一切由其本所来者。

特殊与权威虽非理性的，但两者同必须深入"往哲学真理之路"——哲学真理之路者，"理性"（Vernunft）❶ 是也。但何为理性，明理性，此本昔今以后哲学之任务。

---

❶ 理性与理智两名词，哲学用语上本早已分别清楚，但不甚普遍。欲详其义可阅本篇末二段论理性部分。

★ ★ ★

今论理性，理性之特质为"志于大统"（Wille zur Einheit）。此所谓之志于大统乃为实在的唯一之大统，一切皆为理性所统属，无论部分已统一者或尚未达于统一者，皆必为理性所溶合，为理性统纳于一，因之真理只有一个。

但根据先前所说，则真理不止一个，因特殊能破碎唯一之真理，且权威又互相斗争，此权威实现此真理，彼权威又实现彼真理。虽然特殊与权威能破坏唯一之真理，但理性之欲于各种真理中找求唯一普及一般之真理之势力，仍不因特殊及权威而稍减。

理性为至唯一真理之路，但由于理性所引出之唯一真理终不过一般意识而已。然则一般意识之真理为理智之必然性，其仍非唯一之真理。若吾人之真理限于一般意识中，则自我所出之真理（如现实、精神、生存等之真理）必尽失无遗。故理性之唯一真理，非真唯一之真理，乃真理之一部份耳。

今已言及理智，则吾人不可不问理智（Verstand）与理性之关系。理智者，其本身即属于理性。盖理性若无理智，则理性不能运行半步。理智若无理性，理智亦无由产生。故理性为理智之本，理智则为理性之行（或曰运动）。理智认识中虽有部份之统一或部份之必然性，但理智之部份统一者，实已含有最高深理性之大统。故理智之统一，为理性大统之条件。然其虽为理性大统之条件，但理智之思想仍非即理性之思想也。

理性追求大统，但其大统非仅一种大统而已，亦非随意之大统，实则所谓理性之大统者唯一之大统也，一切真理均在其中。理性能招罗远近，使远者近，离者合，为克服一切矛盾之力量。

因理性有如此者，故理性无论在任何状态，均为联系之机关。某能集散成群而作成系统，即凡零碎之事物，彼此不相干者，理性亦欲求其间之相对相合，使一切无关系者发生关系，收集一切，不遗微小。

理性之联系力运用于科学者，为超越一切智识之推进力，为找求矛盾，找求关系，补充不足之力量，为一切科学统一之理念。

但理性不以科学之统一为足，尚突出科学统一之范围而统括其他一切。理性能启明各个把握，但理性为"志于大统"，理性能促使各个把握而为总合唯一之把握，然因此则必阻碍各个把握之分离。

理性欲统属一切，故理性永不休止，统属此之后又必欲统属其他。故理性在其所已统属者之外，仍有其他所未知者。理性亦能认识特殊与权威之真理，但理性不在特殊与权威中。理性欲找唯一之常在不变者，但凡为理性所已找到者皆非常在不变者，故理性永不能静息，永远前进。

理性能启明一切，即日间之一切法则破坏时及夜间之一切苦恼，理性均欲启明之而肯定为存在，并表之以语言，使其不致遗失。理性欲于旧系统破坏时再创新系统，新真理消灭之后，再创新真理，时时防止形上秩序及存在之破坏。故理性为一切秩序之本，与一切殊序同永，其能忍受一切，容纳一切，防止一切破坏及一切否定性。

从上，可见理性为一"广泛之联系意志"（Totale Kommunikationswille），其欲占有并保持一切凡为语言所能传递者。

理性之找求唯一之真理系赖"笃实"（Redlichkeit）及"正直"（Grechtigkeit），故理性之求真理与真理疯狂者之求真理有别。理性之求真理赖笃实以知其"然"，赖正直以明真理之所由来，探知真理之本，使真理自然而成立。然真理疯狂主义者则根本不顾笃实与正直。

理性之内容非本自理性本身，反之，理性如出自把握中之一种真理之本，而后乃触及其他把握真理之本。此即云：理性因知此把握之真理然后始引起其他把握之真理。知此知彼，而后合彼此而为一。故理性为一有力之作用，因作用于此，而发见其他真理之本也。

理性常能由此及彼，其必欲经验宇宙一切，接近一切，听受一切；但理性之对待一切非平等的，反之系使一切条理化、系统化。理性不仅欲致知，且常将所知者化为问题，常由知而及于未知。故理性永无一定之智识，永不自闭于一定智识范围内，永进不已。

理性总括一切，使一切统于一。理性之使一切统于一之推进中，不仅使吾人能认识一切，使一切认识者合理系统化，且常能予吾人以新智识。因理性常动，不息统理一切，已促问题发生，复又必欲求问题之解决，因而常能赐存在以一定之名，故理性永无止宿之处，故理性能使一切存在之本成为可能，能永远发展，继续净化，使一切能以语言通之，使一切发生关系，理性能使各个把握互生问题，互相斗争，但由于各个把握之互相斗争，理性则能在各个把握中验取新总合、新大统。

理性常与生存结合，生存为理性之顶柱，理性若无生存则理性必将沉沦，但生存若无理性，则生存之真理亦必不可能。是理性能使生存之真理可能，能使生存之真理彰明甚或实在化。

理性本身固不能生"有"，但理性居于一切把握间，因之能引醒一切把握，实现各个把握之实在及真理。理性勇于要求一切，其要求永无止境，广延阔揽，纳一切于一，但结果能使其所得之最高统一与一切脱离关系而独立固存。

理性能灵活理智，使理智广观一切，无论大小深浅之处皆有理智之足迹。理智常求"有"，故赖布尼资（Leibniz）、康德，尤其谢林，均就"何以有而不致无"此问题而运用其哲学思想，均有同样之答案，以为所以"有"而不致"无"者，实因思想有以致之。因思想吾人能验知存在，然亦因思想使存在为吾人所不能完全握捉或识破。

理性之思想常动不息，已不能安亦不知止。理智则欲保持稳固，其认识止于一，以宇宙为整个。理性则反是，常推倒理智所得之认识。理性固努力使一切统于一，但理性之思想不止于一，不以宇宙为统一之整个，整个之外则别无其他矣。理性者能克服一切，联系一切。世有理智之满足，但无理性之满足，理性如川流不息，终无止时。

人不能仅有理智而无理性。若吾人仅有理智，则至理智失败或推翻时，必陷于束手无策。当吾人对理智之信念动摇时，若无理性以维持，则必随所得之理智之破灭而陷于纯本能状态，而完全为本能所支配，绝对服从本能。然其时若有理性以维持，则理性可以克服其时之危机，因而知一切真理皆于溶合之后而提升为唯一之真理。

盖人类每努力不息而求达于最高之可能性。但当人搜捉最高之可能性时，常能为自我所欺骗，常知最高可能性之终不可达也。故理智每能使吾人一落千丈，顿失一切理智所已握获者。欲保持理智所已握获者，必有赖于理性。理性能保持理智之所得，其为一切真理之条件。

于上将理性之本质为志于大统，理性之作用及理性与理智之区别暨关系等说明。但何谓理性，上说似仍不足以完全解明理性为何物。实则，理性为吾人所不能完全了解者也。例如理所欲者为何，是吾人不能完全识别者也。又如理性之求"唯一"之目的如何，亦非吾人所可想象者也。

理性如生存同出于世界内在，然若以理与世界内在之现象相比较，则理性如等于乌有。若以理性为追求存在及实现唯一真理之把握，则理性实非一种把握，不过为吾人能内验之推动力或作用耳。

理性散播于一切实体之上。理性洞观一切，凡肉眼所不能观而明之者，理性能以笃实及正直揭明之，使一切适得其所，不假装色彩，不故意蒙蔽，不故难之，亦不故易之，此即如"理性之气"（Atmosphaere der Vernunft）也。

理性之气漫游于壮烈之文艺中，尤表现于悲剧中。理性之气亦为各大哲学家所属有，其亦表现于哲学中。吾人当读壮烈之文艺著作时［如德国诗人雷新（Lessing）之著作。雷新之喜剧如《军人之福》（*Soldatenglück*）］。杨丙辰有中译，北新版、悲剧则未见有中译），常能吸取理性之气。

数千年来之哲学，直如理性之颂歌，哲学常误以理性为完全无缺之智识，亦常轻视理性，或常恢理性，理性忽升忽降，理性永无宁日。

理性打破狭隘之唯幸福观之真理，冰解一切溺信主义者之信念。已不许吾人满足于感觉中，亦不许吾人止于理智中，理性为"理智之神秘"（Mystik fur den Verstand），其自能尽情发展，尤能自立自创，巧立名目以传递其自创者。

★　★　★

若我欲在哲学思想中求得一定之内容，然后即止于某特定之内容；若我以理智代替信仰；若我以机械之简单理则替代一切由于把握而来之全部智识，执一简单之观点绳诸一切；若我以心理治疗方法之证明而代替自存之自由，兹数者皆足使我为哲学所窒死。盖真正之哲学始于机械信条及理智失败之后。哲学能指导吾人，但不能予吾人某一定之内容，此即云，哲学能为吾人放射出光辉，但其光中无一定之内容能为吾人之精神粮草者。

关于把握，已于前章论述矣。把握非他，乃即存在之广场，由之吾人能验一切可能认识之存。本篇论真理则指示吾人至存在之可能性之路。前篇论认识存在之可能性，本篇则论至存在本体之可能性之路。可见两者均为求可能性，但哲学不止于可能性，仍勇往直前，尚欲求实在性也。后章即论实在。

哲学本不能能[1]提出实在，亦不能为缺乏实在之人制造实在。但哲学每不放弃实在，不断思想实在之本质，屡欲窥实在为何物。因此，故设后章详论实在。

---

[1] 疑多了个"能"字。——编者注

第五篇　论实在

　　本书第二篇论把握之存在中已为吾人揭示存在之广场，使吾人如出黑暗之牢狱而得广观一切存在。第四篇论真理中则为吾人启示存在本身，使吾人如秉烛而行，自由不拘。但吾人仅有光而无实在，吾人则似与实际事物脱离，将为空虚之钝刀所杀死。盖若我中无实在，而由我又不能引出实在时，则我无所爱，此生如真空之空虚，故必须寻求实在。哲学之最终问题为求实在本身。

　　在吾人未以哲学思想寻求实在问题之解决时，吾人之现实似处处已为吾人解答实在问题矣。吾人岂非时时与事物交接，时时与实际触摩。人类有现实、有权利、有法律、有各种计划之设置，有社会之教导，有物体、有现象之原因，有原子、有能、有机械以管理自然，此皆为实在。吾人何须求实在乎？

　　若此满足于现在及目前实体事物之人，固无须再求实在，然若其人有缺乏实在之意识时而后始问生实在之问题，已有缺乏实在之意识，同时又致力追求实在，求吾人所未知者，于是乃发生求实在之哲学思想。于下详论实在问题。

哲学求实在之路有二：一为认识之路，一为实际行为之路。走前路者欲认识全盘宇宙并欲于全盘宇宙中提出实在。走后路者不仅欲得生命躯体之延续，尚欲求真我，求永远之不朽，兹先论前路，次论后路。

若吾人走前路，欲知自然之实在，则凡经吾人所思者皆非实在本身，不过主观现象耳，此可以吾人认识之历史步骤说明之。吾人对于自然之每一事体皆有各种不同之意义，何况在此一意义中又能演变出真他意义。诚如歌德所云："一切事物皆已为理论矣。"个别事体已有无限之意义，即若吾人欲认识某个别事体，则已不可不知此事体之此意义，尤不可不知此事体之彼意义，故吾人认识一种事体亦终无止点。吾人果能认识一事体中之实在耶？

根据上述道理，故无论吾人求实在于全盘宇宙中或于个别事体中，结果终不能求得实在，永远如望尘之莫及。

第二条求实在之路为行为之路，以实在即为自己之存在（此之谓"自己之存在"指行为而言，非"自存"之意也）。

吾人之现实常不能满足吾人，故吾人屡不停息，努力追求新的。但至吾人达于一定目的时，又顿觉兹所求得之实在全无意义也。因之则尽舍智识求实在之路，而走行为求实在之路，欲从行为中、著作中、功绩中、名誉中求得我之实在，使我永远不朽。然则一人之行为、著作、功绩、名誉等仅能维持于短时间中，决不能长留千秋万古。因此吾人又欲在行为、著作、功绩、名誉之外，求自我之实在于与我之本质不相关系者之自存中（此"自存"即"生存"，非自己之存在，非由我所出之存在如行为、著作、功绩、名誉等）。但若吾人愈依归于自我，则愈知实在非全由自我所出者。故生存的自我之实在亦非即实在也。

智识先为缩聚之事物智识（如天文之初次智识），其后为物体之副质之主观智识（如色、声等），今日则转向为吾人可能触摸之主观智识——为时间、空间之主观智识。即物理实际之认识亦然。其初吾人以物理之实在为与主观不发生关系之物体，及后则以物理之实在为物体中之成分——原子等，今则进而为不可摸捉亦不可思议之数学形式矣。从此，已足见吾人对于自然之实在认识，皆不过人类之主观现象耳，然何者为自然之实在，吾人终不得而知也。

吾人固不能认识自然之实在，即人类现实之实在亦非吾人可得而认识者也。吾人常以现实之实在（即人类之现实，以后简称现实）为实际的，在经济事实中，在外交行动中，在各种社会秩序中，在理论原则中找求现实之实在，故吾人屡即指某种关系为实在，其他皆此实在之上层建筑，由此实在中援引而来者。如此深昧于某种实在意识之人，实不知实在，一经评检即失其实在也。一切为人所认识之实在，皆不过实在中之一个因素无疑，非即实在本身。盖因吾人所能认识者，非全部之存在，实为存在中之一部分耳。

即因吾人不能握捉全部存在，从而故不能求得全部之实在。于此或曰实在系在个别事物中，为个别之事实。事实在此，无论吾人之观点如何，或相同或矛盾，但终不能否认事实之存在。故凡存在之事实，凡表现于此或于彼者，凡为吾人之行为，皆为人可得以认识之，何吾人以认识实在为不可耶？似此思想实一大错误也。第一，宇宙中有无穷无限之个别事体；第二，本身而实即可能性而已矣。

盖因可能性非即实在本身，故凡有实在本身之处，即无可能性存在。换言之，可能性者止于有实在之处。此所以不可即以实在译为可能性也。若我一方面求索实在，但又一方面仍以我所得之实在为一种可能性，至此则我之实在非即实在也，乃现象耳。思想所能使吾人提捉者非实在，惟可能性而止矣。

就因思想不能提捉实在，只可知可能性，故实在常反抗吾人之一切思想。关于此德国哲学家谢林言之最为确切："欲由思想中产生一切实在，则终必失败。"思想实不能深入于实在。思想只能接近实在，感知有实在近在眼前，须一跃始可深入之。

因思想不能深入实在，则凡可能思想之实在，均非实在矣，实如实在原体所援引而来之复影。故若吾人以全盘之实在化为可能思想者，又以全盘可能思想者，化为实在，则事实上吾人必因此而突陷于虚无中。至此吾人则只有思想而无实在，此岂人生之所愿望者欤？人生为求实在，永不愿实在破灭，随之亦破灭自我之实在，反之人生每欲促实在由思想现象界解放出来。

已曰实在不出于思想，为不可思想者，然则实在即超然欤？若吾人将实在超然化，则可见思想非实在之本，乃实在之弹性反射，由实在所援引而出者。此义与谢林所见相同："非因有思想而后有实在，乃因有实在始有思想。"若思想完全怀疑实在，以实在为不可能，不在于实在。

依上述两路而欲求得实在，结果均不可能，反而足使吾人陷于无边无涯之迷雾中。实在者已非吾人所知之某事某物，仍非吾人本身。一切欲使吾人认识实体之科学及一切认识事物本身，认识存在客体，握捉存在智识之路，皆非到实在本身之路，其只能引导吾人去寻求实在之情态，实在之情态自非即实在也。

因由于上述两种求实在之哲学思路中之任何一种均不能使吾人深入实在，至此则知今后吾人之哲学思想宜改头换面，另求一种新哲学思想，基于此批详的哲学思想而回于实在。换言之，吾人宜追求一切可能至实在之哲学思想，不为某一哲学思想所蒙蔽，避免单纯之思想界限或冲破单纯之把握而唯实在是求，回于实在。凡有实在之处，则哲学必须保持之，此今日哲学之责任也。

但此种新哲学思想有何姿态？于下当简要举例说明之，虽曰简说，但或已足使读者明其要义矣。

例一：真正之实在不能思为可能性（Möglichkeit）。实在已非即可能性，但其为何物？于后解释之。

吾人之求实在，每欲得实在之最根本者，探取实在之原因，以其原因而决定其为实在。然则事物之环境时可转移，在此情形之下，其原因如此，在彼情形之下其原因又若彼。故凡为吾人所认识之实在，皆不过为吾人认识上之已实化之可能性，其系包含于思想之可能性中。即为吾人日常所思想之宇宙全体，亦不过思想上可能之宇宙。是可见吾人所认识之实在，终非实在本身，则谢林以为："无限实存之所以为实存者，因其为实存，然亦因其系为反抗思想，判正一切怀疑而实存。"

因实在位于思想之前，故凡思想中之实在，皆非实在。吾人皆为自我思想之主人，但吾人之思想皆不识实在，吾人之实在已不在思想之系统中，亦不在思想中之存在。凡为吾人所思想者，皆仅止于可能性，吾人能提捉之，但亦能放弃之。即凡为我所思想者，无论在我之任何思想中，已无全部之自我，亦无全部之存在。盖我所知于我者，不过为部分之我，即我所思想之存在，亦仅为存在之一部分耳。故我之思想实不能知之我之实在，思想所知之我之实在，非即我也，乃不过一部分我经验中之现实耳。

据上则知实在为吾人之思想所不能深入者，然虽不能以思想深入之，虽思想亦不能化可能性而为实在，但哲学终知实在为一切之根本。哲学思想固不知实在为何物，但知有实在，且能提升关于实在之思想。

今吾人已知实在非即可能性，因而即思近于实在。然若吾人以可能性之范畴（思想之范畴）使实在超然化，则实在与可能性两者同失其为范畴矣。盖以一定之思想范畴，而代替不可知之实在，使实在超然化，则实在必如一似存而实不存之形影，而为吾人所不能经验者，一切为吾人之经验所不能及者，即虽有而等于无。

凡有实在之处，即无可能性，有可能性之处自亦不能有实在，此旨上已论述之矣。今若吾人执一已知之实在，则吾人自不能亦兼有可能性。于下举事实说明之：吾人之现实常不能脱离时代，此时代中之现实乃为吾人之自由条件，因之吾人之自由乃可能。若吾人今以眼前之实体或眼前存在之事物为绝对之实在，则必绝灭吾人之可能性，阻止吾人之自由，使吾人因而窒毙。

吾人已不能以眼前之实体事物为绝对之实在，则吾人惟有置实在于深远不能达之超然中，而将实在超然化。若将实在超然化，则吾人之思想已不能缩回于有限之智识中，况在超然中万象俱陈，凡事实均有各种不同意义之可能，因之吾人自亦不能触验事实。吾人已不能视眼前所有者为绝对之实在，犹不能使实在超然化，于超然中求实在。然则实在果何在乎？前言，吾人常不能离时代之现实。吾人之提捉实在，自亦不能脱离时代之现实，在时代现实之运动中吾人始能求得永远之实在，"此实在"者启示于无限之时代现象中。

若吾人又将"此实在"思想之，则其又为可能性矣。故时代现象中之思想一方面已每能为吾人留各种可能之余地，使吾人之自由及希望因而可能；但又一方面引吾人至永远之实在，阻止吾人之各种可能，置吾人于安息中而不需求自由矣。

★ ★ ★

例二：实在为史实（Geschichtlichkeit）。实在何以为史实？后当论之。

永远之实在者已非无时代性永存之事实，亦非时代中之固着者。反之，实在之于吾人终不过为一种过程（Übergang）耳。若谓实在即史实，则现实逝如流水，是实在不能有永存之形像，亦不能有常在之秩序，故实在永不免失败或虚褪。

实在何以不能永存而为一种过程或不定着者？后更分项详释之。

（1）人固小如沧海之一粟——但其亦为万物之灵，能体验一切，尤能收一切已知者于其中，而固封之。故人有动静两方面，常立于动静之间。盖人之存在变易无常，其存在故非定着之实在。

（2）人类历史已无终极状态，尤无完成之日或最后之目的。虽然人类历史随时有完成之可能，但其完成实即过程耳。人类之伟大及其一切现实行为等，只于一瞬条件之下始能存立，故实在亦只能表现于一瞬之过程中。兹所谓表现于一瞬之过程中，非即表现于任何一瞬中，纯为一种现象之谓；而实为在表现实在之一瞬，为不可重演或回复，不可以他一瞬替代之一瞬，为只留实在之音而不能为吾人再次感验之一瞬。

（3）宇宙之实在非实在之全部，人类亦不能因之即有实在。世上常无实在，举凡以理性秩序，以现在之一切，以正义之斗争，以世界及人事之循环，以兴亡得失，一言以蔽之，凡以全世界全人类必有完成之日之思想，皆必失其所望。

盖世界一切无不在"有"与"无"之间，在此两者之间只有过程，而永无一切均达于完美之时，故无论如何，人之实在不在其他而只在历史中而为史实，苦吾人已以实在为史实，然则吾人当如何搜索史实？搜索史实实非即研究历史，由全部人类史中求索出我一己之时代使命，反之，吾人之搜索史实应深入历史之源，追求我现在所立于其中之时代之由来，然后始益能识解现时代具体的有决定时代命运之实在。

关于搜求史实之立说殊多，吾人于此无需论评各方面立说之内容。虽然搜求史实之立说各不相同，但其欲掘出史中之实在性，以满足目前之要求，以之为自我行为之推进力，为现在可享可即之心则一。此外尚有一共同点焉：均欲发见现代之根深处，且其求现代之根深处，不在现代而在过去历史中。知现代之所由来，则能预想将来之如何也。温故而见来者，是可为现代之实在。现代之实在不在远而在近之今，其为现代的，为此后不可复回之实在也。

若我已搜求史实，并以之为我之实在，则我之实在如何而后有定？答曰：必须超然化，只在超然化之后，我之实在始有定着性，乃有史之实质之意义。

★　　★　　★

例三：实在之于吾人只能为"唯一"之实在，故无两个实在。后当论之：吾人之认识世界，常欲把握世界之"总一"，及吾人已明察世界之后，则世界之"总一"则必消失。

（1）一切人类智识之进步，均非依一定之程序规律进行；人类智识愈进步，其各种智识中愈无彼此必然之相互关系。简言之，人类智识之进步，无一定之联络线，乃系飞跃的。例如在无机之自然现象与有生物之间，生命与意识之间，意识与精神之间，彼此间认识愈清，则愈觉其间无互相之必然关系，无过渡之原因。然则吾人之思想常欲发其间之关系，将不关系者关系之，以为总一为认识之唯一之任务，为认识之先天的必然之原则也。

（2）世界一切之于吾人原非总一的，亦非固定而不变者。世界中凡事物皆有生有死，生之中即假定有死，生变异灭，此世界之所以无涯也。世界虽无涯无际，但吾人仍每惟总一、固封自足之世界是求。

（3）人至能内省其自存时，则必即可知世界之非完美者，实如破碎之瓦片，尤可因而深知：①自存已不能成全；②各自存之真理样态与内容亦不能总一。虽然如此，但自存之根本姿态为联系一切，合远近而纳于一。

从上各例，则知存在原系破碎支离者。今吾人欲求实在，诚为不可能之事，盖根据上说，实在者为唯一之实在，为总一的，是实在不见于破碎支离之存在中。然则吾人有理性，理性之本质为"志于大统"，理性收散成群，群统于一，以最后最高之总一为实在，故唯一之神，唯一之真理，科学之总一，史之总一等，皆理性之所要求者，以之为世界之秩序，化浪散不实在者而为唯一之实在。

然则此唯一或总一之实在果即实在本身欤？实则吾人之求"总一"者屡必陷于错误。盖依上三例所述，世界原不可总一，今吾遍欲求得总一者，则吾人必缩一切真理而为一，使某一真理绝对化，或以必然性为一切真理之真理；或即绝对的指相对之物理智识，或以生理智识而为全部存在；又或以一种历史意识形态为人类之最高理想。如此之绝对化思想，实皆非实在，反足以实蒙蔽实在。

究其实"总一"非直接已成之事实，故不可即以科学、理念或由现实事物而求得之。无论由何种至存在之路所得之存在，若其存在仅为世界内在之存在，则必至或破坏存在，或使存在飘摇不定。即由生存（自存）之路亦仍不能求得世界之"总一"，盖此生存与彼生存互对而立，何能于彼此不同之生存间求其总一，故生存亦非总一者。真正所谓总一者，不在于"世界内在"，而实在超然中，由于超然吾人始能在世界中求得总一者；此超然唯一之神虽为吾人所不能认知，但只能感知，知其之于吾人为当然的，不受任何之拘束，为固封着（不可识破）之总一者，故所谓总一者，只出于超然中而超绝一切世界内在之总一，而为实存本身。是超然者为世界内在一切总一之总一，为一切总一之原型。

★ ★ ★

根据于上三例吾人可得于上数种经验。

（1）至实在超然化时，则实在必隐退。下详其理。

按上述各种关于实在之意见，均有一共通点，即均欲提捉一定的可知之实在，故均有一共同之问题：何为实在本身，如何乃能求出实在？然则，吾人之求实在，若我即以世上事物为实在本身，则我必失超然。但哲学常不即以实在为可触可即之事物，常不求实在于目前之事物中，反之，哲学每欲于形象中求得实在，或于理论之思想中合理的认知实在。兹不论吾人直接于思想中求得实在，抑间接于超然中及因超然而悟知自我生存之实在，其实在均非实在本身也。盖吾人愈急求实在，实在愈不可得；愈分剖实在，则实在愈退隐。

（2）于上三例中有论至实在之路为思想范畴者，即由思想范畴出而求实在是也。此思想范畴者如"总""可能性"等是。凡由此等思想范畴而得之实在，其于吾人不过为有一定存在之形式。若将由此等思想范畴所得之实在而超然化，则此举如使实在虚浮。

吾人莫不愿以思想而达于实在，使吾人之思想与实在符合，但欲由思想而至实在，常不能获得实在，吾人之思想常至实在之前即为实在所弹回。虽然思想一至实在之前即为所弹回，于是吾人则将思想超然化，至此或能化灾为幸而能间接触悟实在也。

（3）上之三例已足使吾人知实在者诚非简易之事，尤非有一定秩序规律者，更非永存不变者。实在者能使吾人感失实在，但感失实在之后又拒吾人回于实在而求实在，已拒复留，此诚实在与吾人之真关系也。

据上之理，故曰：凡为实在之时代现象亦非吾人可推测者也，常者必变，静者又能动，故凡为直接可求得之世界内在之存在，经超然化后乃为实在之现象。

若吾人不将世界内在之存在超然化，而以理论之思想，以缩小的合理的思想求得实在，则如此所求得之实在之内容，自非超然的实在之内容，而为经验的合理的实在之思想。何以言之。

盖凡世上经验界之事物，皆非无可能者。今吾人将某世上之事物已可能之，以其有如此或如彼之可能性，复绝对化之为实在，此当必失超然，误碍自由，甚使吾人对实在大感失望焉。

于上第二例以实在即为史实。然则吾人可否即以历史所表现之个人特殊性为实在乎？实则，历史上所表现之个人特殊性非即其人之史实中之生存。若吾人择许多史实中之特殊者以为绝对之实在，则亦必失超然而入于偏见。

凡为吾人所可想象之"总一"，无论其为数之总一或为逻辑之总一等——均非绝对实在之总一。总一者只在超然中始有可能。否则，凡为吾人所要求之客观世界中之总一，皆为不可能之总，皆非超然之总一，而为缩小化、特选化、机械人工化、系统化之总一。

夫超然者始于可能性停止之处，其固与时代有关，但其一方面非无史实，他方面仍非无总一也。

（4）实在本身与验识实在，两者并非自然而然者也，惟人求之而后乃得之者也。实在，时时有显现之可能，但实在每深藏若虚。吾人之意见、思想、习惯及一切现实之观感皆非真实在也，乃如"概然实在"（Scheinwirklichkeit）之母体。故吾人之搜求实在，每如破蒙揭帐，因之每有新实在之经验。

欲验识实在，吾人不能在任何时内，只在我回于我之时，在超然中，乃能得之。超然，固不能在经验界闻识之，但在生存中能得之。故我一己之实在如何，视我如何探求实在及我所知之实在如何。换言之，吾人之实在（无可能性者），视吾人如何去感触实在，及实在如何在吾人之史实中，并如何因之而摸捉得总一者。

吾人固能于生存中接近实在，然则各个生存的实在之显现程度不同，视各生存之深刻，力量及范围如何而分别各生存的实在之显现性之程度，因之亦可知各个生存离超然之远近。

（5）吾人之所以自强不息者，实因吾人不满于现在，仍未达于实在之深处。然若吾人验知实在之深处后，必当泰然肃静。故人至求获实在本身而后人类乃能静息。

但世上有不少数人常一得而自满自足泰然而自安者。实则，此一得之微永不能即当为实在，盖实在者存于实在本身。实在本身为一切之所由出，一切皆在实在本身。若吾人能求得实在本身，则吾人必至最满足、最能久安之程度。然则吾人果能求得实在本身乎？实在本身者乃吾人所不能求获者也，吾人只能在历史之具体中在一切现象之路上永进不已，然后或能悟知有此实在本身，但终不能获得之。即因吾人终不得实在本身，则吾人自不能有久安之处。人类虽无久安之处，但人常欲求一归宿。此归宿者非实在本身，乃为自我之实在。自我之实在无一定之形态，视我如何思想实在及我之终极思想界限为何，由之可定自我实在之特征。

★　★　★

根据于上所论之经验，吾人可得一决论，一切哲学思想之根本决定处，一视自我如何探取实在。

（1）哲学信仰之首要决定处，视其人是否满足于世界，以世界中必有尽善尽美者；抑其人不满足世界而入于超然。前者求实在于世界之内，后者求实在于超然中。

求实在于世界之内者，谓超然为空想，为无谓之迷梦，为虚构，凡入于超然中者是即如逃避实在之人也。

求实在于世界之内者，指世界内在即为存在本身，盖独世界内在始为吾人所能认识，惟世界内在始能为吾人所知之存在——故一切可认识者亦只在世界中。

然则世界内在常表现为破碎支离之状态，其中现象万千，缺乏总一，非为尽善尽美者也。故吾人虽有智慧之光，虽亦有可用之能力，但终无奈世界之如荒芜何。世界之内无可资以为信，亦无绵续不断之爱的斗争，更无自我之实在，是世界如一片荒丘，只余为现实利益之斗争，此岂可令吾人满足耶？即爱情一项，若其只为世界内在之事，亦必失其超然力，必减低爱情之价值。盖爱情必超然化而后能深刻，能光明而如一切存在之光源。故世界内在不能为吾人之实在也。

无论世界之内任何事物，若其失去超然，则其本身亦怅然若失；盖世界如此荒芜，世界本体又为人所不能认识，若世界本身为人所不能认识，则必以世界为一大空壳。世界之内无超然，盖每当吾人认识世上之存在时，存在为吾人意识中之存在时，则失超然，因之我亦为意识中之存在所蒙蔽。

故当吾人欲自验吾人之本质而冲破世界内在跃入超然时，即知超然为吾人之实在，其时当自愿捐弃一切现实而与现实决裂。

哲学思想上之超然，虽隐若深玄，但其能显现为吾人之实在。吾人有超然则无须神之直接命令而自能勇于负责，故超然为一种权力，赖之我始为我也。换言之，我之所以为自由之我，超然之力也。因超然我始感我乃自由之人，能自决自行之人也。

(2) 哲学信仰之次要决定处，视吾人信仰超然，因超然而怀疑世界否定世界，或由之而达于世界，抑吾人因副超然之期望而实化自我于世上——入世。哲学信仰必与世界相属联，而以哲学信仰与世界属联为一切存在之条件（然若此，则哲学在事实上已纯为研究世界内在之学，使哲学随时有陷于空洞干枯之危机）。哲学信仰必要求吾人完全根据经验界之事物，以为世无重过于研究事物者，故拒全力以赴之，欲于事物中发现实在及由之了解超然。换言之，哲学之信仰者已不欲捐弃事物，亦不遗忘超然。哲学信仰向要求有限之智识，以史实为唯一之已实在化者。此外哲学信仰亦要求傲然不欲死之态度，但其知死者为现在之一种巨压力。若以哲学为学死，则非因死而失去现在之一切，实因死能使我超越现在而进于超然。

从上则可知：若吾人之一切皆在现实世界中，则超然之于吾人如恬然无物。若吾人以现实中所存在者，必须与超然属联始为存在，则超然之于吾人如万物之藏库，一切存在如皆为超然所启示之暗号。

★ ★ ★

关于由思想求实在之情形，上已屡为备述矣。一言以蔽之，哲学如一无实而空洞之思想：哲学永不能予吾人一定之实在。所以然者，因哲学只能使思想者启暗就明，已思者得予继续精炼提升，未思者能为所吸引，但永不能得有一定之内容。哲学思想已不能求得实在，然则吾人将如之何？曰：必须回于实在，回于实在为人生最后之步骤。哲学者只能示吾人以路径，由之，吾人得近于实在或提捉存在。但此所谓之实在及存在，均不能为一般的，乃非一般之实在及存在也。

然宗教则与哲学所求之实迥然不同。宗教之实在非哲学之实在可以比拟，盖宗教之实在为一切之所出处，其为一定的、权威的巩固之信仰。宗教之实在能表之以一定之语言观念，提捉之于"神秘"（Mythus）及神之"启示"（Offenbarung）中。

哲学能产生"神秘"或可替代神之"启示"乎？究其实，哲学已不能产生神秘，亦不能替代"启示"。哲学之所以不能产生神秘者，因神秘中即有实在本身。实在本身非哲学所可得之者。故哲学不能产生神秘。哲学已不能产生神秘，则哲学只能间接运行于神秘中。其次，哲学亦不能替代启示。何以言之？盖在启示中即示吾人以实在本身。哲学思想虽能见某处即有实在，但终不能如启示之将实在表之以语言（名），必须默然而感验之。所以必须默然感验之者，即因凡为语句、言论及为现象所表拟之实在，皆得为思想之对象，思想见之即思之，至是则已非实在而又为可能性矣。

兹论宗教。此之论宗教系从哲学方面，即由外而观察宗教之特性。然宗教之特性甚多，于此拟举其最重要者分数项言之。

（1）宗教无"可能性"，只有"实在本身"，且宗教之实在本身又必须以一定之"名"而表现之。然若其名为一种思想或其名之内容为人所思索者，则其实在仍非实在而仍为一种可能性，在某种可能性条件之下始为实在。

故凡为宗教实在之"名的形式"，必须为最高思想形态之名，思想至此则止，不能再为人所思索矣。

凡神秘及传奇即此宗教实在之名的形式之例也。神秘及传奇每述一种史迹，但其述一种史迹非依实用之原则，使吾人于其中能领悟一种因果关系或某一种动机，而知其然及所以然；反之，其所述之史迹皆为无可疑义之事迹，使吾人只知其然，知其"如此""如彼"，信之为绝对不可移越者。故宗教之实在为不知所以然之自然而然单纯而固定者。其为一种观点但无思想之观念，其为已思想者，但无普遍一般之思想法则性。其为一切实存之总体，但不能思之而惟能感应之。神秘及传奇所述者，若以合理之因果律或合理之信念绳之，固觉其全无意义，但因神秘及传奇述而不解，故常能深入一切及常有无限之意义。

要而言之，神秘与传奇皆不过实在之名的形式。一般而论，"凡只能以史迹而述之者"，是即宗教之实在也，其使吾人只知"有"而不知"无"；知实在世界如此如彼；知其所示于吾人之实在为一切现象之原型。

实在至为"幻想之名"，超然之名，以名而表达其实在时，则吾人之思想将止于其实在之名而不能再前，使实在不能为吾人所研究思索矣。

实在至虚名化、暗号化，或超然之名化后，则使吾人以实在为一种必要者，不可以理解之；一种绝对者，无任何可能之矛盾。

超然实在之名已非任何之名可比，亦不能由任何之名引来，其名为一切名之名，为一切存在之源也。

此超然实在之名已可为哲学暗指实在之名，亦即为宗教上之神秘及启示之实在之名。

此超然实在之名或暗号，吾人已不可认之纯为幻想中虚有之象征，亦不得独认之为可见可触如事物之实在。实则，其名兼为两者。

一方面已可实际化，化为人人共知之事实，如基督复生，破墓门而出——他方面亦玄亦奇而为美学上之象征，其中虽无实际，但有无限之美，动人之内腑。历史上之表现此种象征固有各种不同之形态，但其为象征之意义则永不变也。

超然实在之名虽兼为实际事物及象征，但其本身终非实在，尤非即实在之源。盖实在者不在他而只在信仰之路中，由我之信仰经验始能提捉实在。故超然实在之名之能显现为实在，只在自存以自我所信之实在为标度而感验之时。

沿信仰之路难能求实在，然若吾人以我之信仰即思为实在，其中即有一切信仰之内容，则我必陷于错误中，至是我信仰中之实在则将消失。盖信仰不在乎思想，而在乎信仰者所信之实在中。若世上之实在因赋以某种意义后，始为实在，则超然之实在，只因信仰而后为实在。无论其为哲学之实在或宗教之实在，其实在均不相同，各异其趣也。世无标准之实在，我所信者而与我之生存不能分离者即为我之实在，而我思想中之实在，则终非实在。盖思想不过为我至实在之过程耳。故观念主义者之以一切意义，实在及信仰皆出于吾人之意识，为意识中之创造物，实谬见也。哲学常不能探取实在，只能立于实在之前而悟知实在，但自始则不能占有实在也。

超然之实在为坚不可破者也。若超然之实在显现时，则无论任何启蒙之理论与实际，均不足以毁废之。盖事物现实界之认识愈清楚，则一方面已能涤除一切迷信及混沌之错误，而他方面尤能提高真正超然之感念。故如启蒙之理论及实际已不能毁超然之实在，反能增进吾人对于超然实在之观感。

上云：宗教兼为事实及象征，从哲学观点察之，宗教之特质为化实在为超然之实在，已化之为超然之实在后，继又化超然之实在为世界事实中之有特殊性之事实——所谓特殊之神圣者是也。然哲学则完全与宗教相反。无论何种事象，任何经验界之实体，任何历史之源所出之超然观感，皆可为哲学思想之材料。原则上，万事万物之于哲学均可为神圣之事物，惟不能使一种神圣之事项强适于一般人耳。宗教则不然，已无哲学之广大容量，亦在原则上不肯定万事万物皆可为神圣之事物，只愿以一种神圣之事而适用于一般，令人信从。宗教上切合实际之象征，已一面范围世俗界，亦一面范围超世俗界。然若吾人以宗教上暗示之象征，为纯美学观点上象征之意义，则宗教象征之意义必化为空虚无实。纯由哲学方面观之，宗教在其偶像中、信条中、制度中所寄寓之宗教内容，已不许人变更，亦不容人自由选信其中某一种而忽略其他内容也。

凡哲学家，其思想常与其所信宗教上之象征密切结合，甚欲步步防止毁害其所信宗教上之象征。若其愈思想愈深入其所信之宗教象征，则象征与其人愈有深刻之关系，其象征愈为唯一独尊为任何象征不可替代者，如即为其人之实在之标志。但如此之象征已非宗教上之特别神圣者矣，而实即为其人之实在，其为无限且有无限之意义，非可以一定之信条及特定之行为统括之。

象征或暗号之于哲学为宇宙中之超然实在之一种形态。宇宙一切均可为象征或暗号，然此象征或暗号非因智识及为智识而存在，故其不能为理智上某种必然之象征或暗号。然若吾人欲求一种经验之实在或以世上某种可得而摸触之神圣事项替代超然之实在,则超然之实在必失其为象征或暗号。

(2)哲学上之超然随时均可根据历史而求索之,且其亦仅历史的显现于吾人之前,其非永远不变者,非历史上空前绝后仅有之事实。此即云:哲学之超然不能适用于一般,为一般人之真理。然宗教启示信仰上之超然,则适与哲学之超然相背反。宗教之超然为历史上仅有之事实,其为人人所信之唯一客体,已适用于一切人,亦当为人人解脱及当为灵魂幸福之条件。

宗教之超然实在——从哲学方面观之——为史实之化身。若吾人深入于启示之信仰,悟知启示信仰之深刻后,则可在史实中搜求历史不可超越自存信仰上之原因,而置我一生于此原因之上,至此则必使吾人失去自存之史实。盖宗教之超然实在每与史实相矛盾。若我在事实上生存于我之史实中,则我必失去我之超然实在。即若我信仰某一种特殊之史实为绝对之实在,以一种史实而统括其他一切史实时,至是我亦必失其他史实,使我所信为绝对实在之史实与其他一切史实间之联系中断,甚或利用其他一切史实而为我一己所信之史实之方法或材料。

凡人皆有其史实,然凡立于吾人面前之史实,皆与过去之一切历史资料有不可分离之总合关系,若吾人愈博采历史上之资料或史实,愈知一切人类之可能性及实在性之样态复杂,意义繁多,因而愈能深入并集中一般之历史资料,愈知一切历史资料之不可分，而为整个的。然则吾人可将某一史实绝对化为一种绝对之世界史之史实欤？从哲学方面观之，凡史实皆不可化为绝对世界之史实。其理由有二：①若以"此史实"绝对化为绝对之世界史实，则"他史实"之价值必为所贬，盖"他史实"亦有其历史之源，有其历史存立之价值，其已为吾人所不能忽视或消灭，且其随时不断地作用与一切问题发生关系。②因凡为所绝对化之个别史实，均不能以其他任何史实代替，因其为独立存在者，有其固有超然之史源，其已为独立之史实，则其自不能概括其他一般之史实，只为许多史实中之一种，今以此许多史实中之一种史实命为绝对唯一之史实，是无异全一而毁其他也。有此两因，故任何史实均不能为绝对唯一之史实。

宗教超然实在已为史实之化身，亦为生存之化身。其已自由不拘亦光明磊落而为自我一切之本，自我之生存寄寓于其身上，自我之将来一切亦系之焉。哲学至此，则无须理性，亦当抛弃理性矣。

（3）宗教只知唯一者，化一切而为"一个"（从哲学方面观之）。宗教之"一个"为世界中人人可感念之客观的"总一"。若我在启示信仰中把捉得"一个"为一切之最高的总一，以某一种史实而超然化为一切客观史实中之绝对史实，为适用于一般之史实；若我完全沉溺于教会之传统思想及制度中，而信此"总一"为现在即可把捉者；若我完全将自我付托于教会，为教会所属有，信教会为独真，为一般之真理，则此时我已非如他人之同为历史的生存上之现象，反为"总一"之附庸矣。

然则宗教之"总一"有何特质。以于后数种结论说明之。

盖因其为"唯一"者、绝对者，故宗教权威亦当表现为历史中之斗争者。

其能使我不信过去之任何书籍，只使我信之为唯一之圣经，视之为神（上帝）直接启示于吾人者，因现今之教会能保证之为唯一之圣经，而现今之教会亦要求吾人必须信此圣经为最神圣之书。

我必须摒除一切其他之信仰，认一切其他之信仰为虚伪，我必须相信凡教会所宣扬之一切真理，守之不逾。

除此唯一真正之教会外，无其他幸福，只"此"教会乃我及其他一切人之幸福场所。

总一非部分之总一，实为有生机而最完善之总一；此总一不能求之于他，只能于神圣之教会中求之，凡参加"此"教会者必可得最后之满足。

于上述宗教总一之特质之用语虽不直接就题而发题，但就因此总一所生之结果以申说其本身之特质，使吾人更能深悟宗教总一之特性矣。

★　　★　　★

关于宗教之特性，于上曾举其三种分项叙述矣。由之已可见宗教之特性矣。于下拟设三问讨论哲学之意义及能力，以观哲学不同于宗教者几许。

第一问

宗教之存立有英雄之受苦及英雄之言行，有艺术与文艺创作表扬之，复有非常之思想所组织之神学以保证之。宗教之超然实在，因信仰之实在而能与吾人异常接近。

然则吾人可否持哲学思想，如持宗教信仰之能接近实在？哲学亦有如宗教之为一切标准之实在乎？

关于此，吾人有如下之答案：宗教之实在乃哲学所不能达之实在也。盖宗教之实在与哲学之实在不同，宗教之实在或比哲学所能把捉之实在更充实，更胜一筹。宗教实在之积极性，为哲学之一切积极性所不能比拟者也。虽哲学亦有其本身之积极性，然哲学之积极性屡为宗教所威挟。

哲学信仰为个人人生之本质，其为哲学思想者之于其个人历史基础之实在。哲学之超然不同宗教之超然须赖教会等介绍，反之哲学之超然为我所能直接感验者，惟其非即我自己，而为我之寄托所而已。

哲学信仰——自非一种制度——系出于哲学思想之传递，且长存于哲学想思之传递中。由于其人之哲学信仰吾人可知其人之思想。盖哲学家之了解一切或变化一切，全基于其个人之哲学信仰之上。无论其思想之整部份或一小部份皆发于其哲学信仰。

哲学信仰者实为一切真实之哲学思想不可缺少之本。哲学信仰为人生在世一切活动之指针，有之，吾人能感验实在之现象；有之，吾人则能更明超然之实在，使吾人能达于更明亮清楚之超然实在。然吾人于此有不可不知者，是哲学信仰虽为吾人之"本"，为吾人一切人生活动之指针，且亦能实现吾人之目的，但其非一成不变者。凡为哲学信仰皆不过历史上仅有之现象，为不可再回覆者也。

吾人所以能于哲学信仰中把捉得实在，皆因哲学信仰为非信条式的，无一定之认识或一定之思想内容。思想之于哲学信仰如一种由暗之"本"，而至实之过程或桥梁而已矣，故思想终为思想，其无一定之价值。然思想之于吾人所以有重大之意义，因思想有一种作用，有一种启蒙力，而能揭破一切黑暗，促吾人达于实在。

第二问

关于宗教实在之特性，上已从哲学方面之观点论述之矣。是可见于上所讨论之宗教实在之特性，非由于宗教实在本身而讨论宗教实在之特性，乃系从哲学方面所出之言论，此岂非一种如隔靴之抓痒不中肯、不正确之言论乎？此又岂非即哲学之斗宗教欤？

对于此问题吾人之答案如下：从哲学方面而观宗教之特性或从宗教方面而观哲学之特性，同不免陷于不正确。人之了解哲学及宗教之特性如何，全视其人系从哲学信仰抑从宗教信仰而定。若云人能兼有哲学及宗教两种之信仰，了解哲学之特性时用哲学之信仰，了解宗教之特性时用宗教之信仰，有此两种信仰故应能分别了解哲学及宗教两者之特性。实则，此论极其错误，盖无论何人，若其从前系哲学家，一至有宗教信仰时，则其必不能再生活于其原有之哲学思想中矣。

即从前只有宗教思想之人，若其由宗教信仰而出至有一定之哲学信仰时，其亦必不能维持其原有之宗教信仰，此哲学信仰与宗教信仰之矛盾也。

关于哲学信仰及宗教信仰之矛盾，从哲学方面观之，有如下所述数种普遍之情形。

（1）哲学必反非哲学之真理。若哲学不反非哲学之真理，则似失其为哲学，故哲学对宗教之实在应取如何之态度及处置，此为一切有生命之哲学之根本问题也。

（2）哲学与宗教间有一种斗争，若其彼此间之斗争非为世上之现实利益及目的而斗争，而确为真理而斗争，不假任何权力以为斗争之工具，为原因、事实、问题而斗争，则其斗争必适用下述之规律：若哲学与宗教斗争则两者必须立于同样之水准上，两者中若有一种高于其他种，则低者必为高者所败。

无论何种哲学之思想家或以某种哲学而思想之人，若其无自存因而全无一定之信仰，则必陷于空想或陷于纯世界内在中，亦必化一得之微而为绝对之真理；如此之哲学实非真哲学也，乃即如一种全不假思索而投诚于一种超世俗之宗教耳。至此，则哲学易受宗教之抨击，为宗教斥为空虚无尊严之哲学，即如哲学之攻击宗教之迷信及溺信，斥宗教之迷信等为消极的破坏作用，谓迷信宗教人为无生存之人相同也。

哲学之斗宗教是即哲学之仇恨宗教欤？实则，哲学之仇恨宗教与哲学之与宗教隔膜有别。哲学之思想欲验其思想之本，故宗教之信仰实不能满足于哲学之要求。所谓哲学思想之本者，只能验之于实在，然则实在非哲学思想所赋与，亦非吾人所能制造者，乃因哲学所提醒或所启导者也。哲学之实在如宗教之实在同为不可握捉者，其虽为不可握捉者，然其仍为哲学思想之人之一切的寄托所，失之则如失一切也。故哲学永不愿放弃实在，永远惟实在是求，有之则如有一切也。

因哲学与宗教隔膜（有纯哲学信仰则不能有纯宗教信仰），若哲学忠于其原来之本时，则哲学当不评击宗教为伪理。斯时哲学不惟不评击宗教为伪理，向能因哲学之不识宗教而时时准备肯认宗教为真理。宗教之于哲学常有新刺戟，因之哲学每有新资料与新反省。哲学与宗教之斗争若彼此间无结论时，则其斗争亦可停止。凡哲学思想之人均肯认教会宗教之现实意义，以教会宗教本身之传统与哲学传统互相结合。凡哲学思想之人尤不能不承认哲学与宗教实在之矛盾。哲学与宗教之实在虽相矛盾，但彼此均非互为基础之建筑，乃如两极（Pole），无哲学则宗教亦似沉沦。

若宗教使其一般之理论及要求适用于世界上之一切时，至是则哲学必与宗教斗争，且其斗争永无止息，彼此不愿罢休。

（3）此外哲学有一个原则，即凡哲学上有危害宗教之思想，其思想在事实上总非真正的宗教之危害。换言之，绝不能危害真正之宗教也。盖凡一种思想若其不能自保其真实性，无论如何绝不能危害某真实之事件也。凡真实之思想必有其思想之本，有本之思想，其思想始纯而明确。苟无此有本纯而明之思想以评击宗教，则于真正之宗教固无伤，反为真正之宗教所非难。

第三问

近世纪之历史，为人类大转变之时期：宗教已去，一切均已改变。权威与特殊已为科学、哲学、机械化及社会普俗化等所消灭，一切均破碎支离，均为人所怀疑。举世已无真确之信仰。此诚如尼采所云："一切皆不真，一切均为所容许"（Nichts ist Wahr, alles ist erlaubt），致我吾人已不知所以而对世界及人生，不能有一定之人生地盘，到处疯狂溺信风行，人类自愿陷于猎牢而不欲善自反省。宗教衰微，超然及实在随之而失。宗教已毫无力量，如外强中干之状态，一击即倒，无能反抗。甚或为人所击，即与灰尘同尽。

持上述之观点者，总而言之，以凡危害宗教之势力，皆纷乱人类之恶势力也。若此，则哲学与科学自亦被视为破坏人类之学问。近代以来空洞之启蒙思想深入一般人之脑经，一般人崇信科学上之理智信条，因此则发生一种对科学之迷信，以科学为一切，为万能。

同时，近代哲学及科学发达以来，人类意识大受损失，文化创造极端减低，尤其19世纪以后表现人之实在之文艺的质渐次下降，今日所以不能产生如荷马（Homer）、莎贺克列士（Sophokles）、但丁（Dante）、莎士比亚（Shakespeare）、歌德（Goethe）诸伟大之人者，实可归罪于科学及哲学。彼哲学及科学教人以浅薄之思想而怀疑一切，以合理主义而动摇一切其他深刻之思想，一切均庸俗不堪，一切均只止于自然之认识。

然究其实，哲学果即纷乱及破坏人类之思想耶？关于此问题，愿答之于下。

若上述之归罪于哲学科学之一般普遍的理论，其理论固能引动一般人，但其持论实根本不能立足。现代之人有对世界历史及人类之未来抱悲观者，有对之抱乐观者，但均无补于实际。事实上：半知之科学，则必去信仰，然全知之科学智识，则终归宿于信仰而保信仰之全。科学之知为批评的方法的知，是知与不知之知——哲学之知为智识界限之知。宗教若无科学之结论，必流为迷信之定律及内容，必不能评正自己。

若吾以上言适用于哲学：则半知之哲学必去实在，全知之哲学则必能引吾人往求实在。盖半知之哲学虽能适应某一时代之要求，然其或独误于历史片断之智识中，或独误于某种思想中，或独误于周而复始之理智中——若此，则必失实在。全知之哲学则不然，其为一切可能性之主人，其为集中严密之哲学，其哲学则如其人，其人如此则其哲学亦当如其人焉，故其能参与实在。

虽然全知之哲学，其于任何人或即于三尺之幼童为较单纯之哲学，但其能发为有力之作用。全知之哲学非即尽人类知极之哲学。实则全知之哲学亦非完成之哲学，惟其时时欲完成之。此种完成哲学之意识，直至人类尚存，人尚为人时，永将不灭。哲学之路长而难行，古来行之者多，而通之者鲜。